Das Fairlohnung-Konzept

Felix Anrich · Sascha Kugler

Das Fairlohnung-Konzept

Mitarbeiter-Bonifikation mit emotionalem Sensibilisierungsmanagement in KMU

Felix Anrich
Fairlohnung GmbH
Reutlingen, Deutschland

Sascha Kugler
Alchimedus Management GmbH
Kalchreuth, Deutschland

ISBN 978-3-658-27921-9   ISBN 978-3-658-27922-6 (eBook)
https://doi.org/10.1007/978-3-658-27922-6

Die Deutsche Nationalbibliothek verzeichnet diese Publikation in der Deutschen Nationalbibliografie; detaillierte bibliografische Daten sind im Internet über http://dnb.d-nb.de abrufbar.

Springer Gabler
© Springer Fachmedien Wiesbaden GmbH, ein Teil von Springer Nature 2020
Das Werk einschließlich aller seiner Teile ist urheberrechtlich geschützt. Jede Verwertung, die nicht ausdrücklich vom Urheberrechtsgesetz zugelassen ist, bedarf der vorherigen Zustimmung des Verlags. Das gilt insbesondere für Vervielfältigungen, Bearbeitungen, Übersetzungen, Mikroverfilmungen und die Einspeicherung und Verarbeitung in elektronischen Systemen.
Die Wiedergabe von allgemein beschreibenden Bezeichnungen, Marken, Unternehmensnamen etc. in diesem Werk bedeutet nicht, dass diese frei durch jedermann benutzt werden dürfen. Die Berechtigung zur Benutzung unterliegt, auch ohne gesonderten Hinweis hierzu, den Regeln des Markenrechts. Die Rechte des jeweiligen Zeicheninhabers sind zu beachten.
Der Verlag, die Autoren und die Herausgeber gehen davon aus, dass die Angaben und Informationen in diesem Werk zum Zeitpunkt der Veröffentlichung vollständig und korrekt sind. Weder der Verlag, noch die Autoren oder die Herausgeber übernehmen, ausdrücklich oder implizit, Gewähr für den Inhalt des Werkes, etwaige Fehler oder Äußerungen. Der Verlag bleibt im Hinblick auf geografische Zuordnungen und Gebietsbezeichnungen in veröffentlichten Karten und Institutionsadressen neutral.

Lektorat: Kristina Folz

Springer Gabler ist ein Imprint der eingetragenen Gesellschaft Springer Fachmedien Wiesbaden GmbH und ist ein Teil von Springer Nature.
Die Anschrift der Gesellschaft ist: Abraham-Lincoln-Str. 46, 65189 Wiesbaden, Germany

Grußwort

Sven Hannawald

Liebe Leserinnen, liebe Leser,
die Work-Life-Balance zählt zu den wichtigsten Dingen, die Führungskräfte und Mitarbeiter in der heutigen Zeit managen müssen. Umso mehr freut es mich, dass Felix Anrich mit dem Fairlohnung®-Konzept ein Modell entwickelt hat, das Beschäftigte auf emotionale Art und Weise dazu anregt, sich aktiv mit der Frage nach einem ausgewogenen Verhältnis von Beruf und Privatleben auseinanderzusetzen. Auch Unternehmen profitieren davon: Gesunde, zufriedene und somit auch motivierte wie leistungsfähige Mitarbeiter sind schließlich der Schlüssel zum Unternehmenserfolg.

Ich habe als Profisportler, nach meiner aktiven Karriere sowie heute als TV-Experte und Unternehmensberater erlebt, wie wichtig Balance und Gesundheit für nachhaltigen Erfolg sind. Dasselbe gilt für jeden Beschäftigten!

Unternehmen sind deshalb gefordert, aktiv die Gesundheit der Mitarbeiter zu fördern – und das möglichst nachhaltig. Die Kunst liegt darin, das richtige Konzept zu finden, das immer wieder aufs Neue motiviert und möglichst alle Mitarbeiter individuell erreicht. Zu diesem Zweck haben wir mit der SPORT SPEAKER GmbH, Deutschlands Rednernetzwerk von Olympiasiegern und Weltmeistern gemeinsam mit Felix Anrich das „Olympiasieger-Modell" entwickelt (Abschn. 2.4), das bei der emotionalen Ansprache und Sensibilisierung aller Mitarbeiter helfen kann, sie fit hält und gemeinsam für nachhaltige Spitzenleistungen begeistert.

„Mut zur Pause – Erfolg in Balance" ist für mich der wichtigste Ansatz, den es in der Praxis in den Unternehmen umzusetzen gilt. Ohne die richtige Waage zwischen Höchstleistungen und Erholung wird kein Sportler Olympiasieger oder Weltmeister, keine Fach- oder Führungskraft auf Dauer erfolgreich sein. Das Buch regt dazu an, neue Wege zu gehen und als Arbeitgeber nachhaltig die Verantwortung zu übernehmen. Ich wünsche Ihnen viel Erfolg.

Ihr
Sven Hannawald
Rekordsieger der Vierschanzen-Tournee, Skisprung-Olympiasieger und vierfacher Weltmeister, Eurosport TV-Experte, Partner der SPORT SPEAKER GmbH
www.sport-speaker.com

Abb. 1 Sven Hannawald

Klaus Kobjoll

Liebe Leserinnen, liebe Leser,

in Zeiten von New Work und Fachkräftemangel gilt es, die eigene Arbeitgebermarke einzigartig zu gestalten und sich vom Markt abzuheben. Die Grundlage dafür bilden ständige Innovation sowie systematisches Überdenken, Querdenken und Erneuern.

Wer eine besondere Wertekultur entwickelt, die Teamentwicklung optimal gestaltet und die (digitale) Unternehmenskommunikation auf dem neuesten Stand hält, bringt gute Voraussetzungen dafür mit. Auch in Zeiten des demografischen Wandels wird dieser Arbeitgeber Initiativbewerbungen herausragender Talente erhalten und damit die Grundlage für zukünftige Erfolge legen.

Grußwort

Dennoch sollte er seinen Mitarbeitern neben dem Lohn weitere Leistungen bieten, welche die Firmenphilosophie unterstreichen und nachhaltig emotional wirken. Wir sind im Schindlerhof immer wieder auf der Suche nach innovativen, modernen und vor allem digital gestützten Lösungen für unsere Mitarbeiterinnen und Mitarbeiter. Deshalb waren – und sind – wir froh, dass wir mit dem Fairlohnung®-Konzept genau das Richtige gefunden haben. Wir konnten dabei unsere bereits vorhandenen Leistungen mit weiteren Ideen und hervorragendem Feedback der Beschäftigten ergänzen.

Felix Anrich bietet nachhaltige, innovative Konzepte, die mittelständischen Unternehmern ganz neue Möglichkeiten aufzeigen. Das Buch wird Sie dabei unterstützen, die Grundlage für eine echte Bewerber- und Mitarbeiterbegeisterung zu schaffen. Bleiben Sie offen für Neues!

Ihr
Klaus Kobjoll
Vorzeigeunternehmer und Inhaber Schindlerhof, 14-fach ausgezeichnet, inkl. European Quality Award und Great Place to Work®

Abb. 2 Klaus Kobjoll

Ein dickes Dankeschön

Das Fairlohnung®-Konzept ist in enger Zusammenarbeit mit einem Kreis von Unternehmensberatern entstanden und kontinuierlich weiterentwickelt worden. Ohne die Ideen, Anregungen und Erfahrungswerte dieser Experten wäre das Konzept – und damit auch dieses Buch – nie möglich gewesen.

Getreu unserem Motto „Gemeinsam stark für den Mittelstand" danke ich hiermit allen Unternehmens- und Steuerberatern, BGM-Spezialisten, Experten für Personalvermittlung und -beratung, Versicherungsmaklern, Partnern und Beratungsunternehmen zur Lohngestaltung, Kommunikationsdienstleistern sowie den verschiedensten Gesundheitsinstituten.

Besonders danke ich meinem Co-Autor Sascha Kugler für die freundschaftliche Zusammenarbeit und für seinen Beitrag zu diesem Buch (Abschn. 3.5.4 und 3.10). Lieber Sascha, herzlichen Dank für die enge Kooperation in den letzten Jahren sowie deine immer wieder inspirierenden Gedanken.

Eins ist sicher: dass es dieses Buch ohne eine Person definitiv nicht geben würde. Und so danke ich von ganzem Herzen meinem Vater Christoph Anrich – für die bedingungslose Unterstützung und Zusammenarbeit der besonderen Art, jedoch auch für Aspekte der Gehirnforschung sowie die Beiträge zum agilen Gesundheitsmanagement.

Die innovativen Fragestellungen, die Sie auf neue Ideen bringen sollen, wurden in enger Zusammenarbeit mit Stephan Mallmann erarbeitet – Danke, Stephan, für deine Zeit und die Idee, Themen einmal aus einem anderen Blickwinkel zu betrachten.

Zu guter Letzt danke ich noch meinem Mentor, Freund und Laufpartner Pietro Conte für die beständige Unterstützung, vor allem in der Entstehungszeit des Fairlohnung®-Konzepts, die nicht immer einfach war.

Dieses Dankeschön richtet sich auch in die Zukunft. Denn das Fairlohnung®-Konzept jedes einzelnen Unternehmens profitiert von der gemeinschaftlichen Weiterentwicklung und dem Teilen von Erfahrungen. Ich freue mich, gemeinsam mit vielen Partnern und Teilnehmern das Bonifikationssystem weiterzuentwickeln und hierdurch den Markt nachhaltig zu verändern.

Inhaltsverzeichnis

1 Einleitung 1

2 Mitarbeiter-Bonifikation: Grundlage des Erfolgs 9
    2.1 Das Fairlohnung®-Konzept 9
    2.2 Faire Be- und Entlohnung: Was heißt fair?. 12
    2.3 Personalpolitische Chancen 14
    2.4 Emotionales Sensibilisierungsmanagement 16

3 Die zehn Erfolgsbausteine Ihres persönlichen Fairlohnung®-Konzepts 21
    3.1 Bestandsanalyse 25
    3.2 Agile Benefit-Vision 30
        3.2.1 Werte und Grundsätze 31
        3.2.2 Personalpolitische Chancen und Ziele 34
    3.3 Benefit-Auswahlstrategie 37
        3.3.1 Mitarbeitermitbestimmung. 42
        3.3.2 Bestehende Leistungen. 43
        3.3.3 Vergleichsfaktoren der Personalzusatzleistungen (Mitarbeiter-Benefits). 43
        3.3.4 Wahl der Dienstleister 44
        3.3.5 Budgetplanung und Wirtschaftlichkeit 45
        3.3.6 Bonifikationsmöglichkeiten 45
        3.3.7 Exkurs: rechts- und haftungssichere Umsetzung (Arbeits-, Steuer- und Sozialrecht). 60
    3.4 Digitaler und haptischer Kommunikationsmix 62
    3.5 Emotionales Sensibilisierungsmanagement 68

		3.5.1	Einbindung in den Alltag	70
		3.5.2	Umfassende Kommunikation – Grundlage erfolgreicher Sensibilisierung	72
		3.5.3	Einbindung der Mitarbeiter	73
		3.5.4	Ansporn und Wettbewerbsgedanke	74
		3.5.5	Benefit-Events	75
		3.5.6	Sensibilisierung durch Erfolgsabhängigkeit	77
		3.5.7	Service rund um die Benefits	78
	3.6	Arbeitgebermarketing/Employer Branding		85
		3.6.1	Warum Employer Branding?	85
		3.6.2	Labels und Gütesiegel	90
		3.6.3	Employer-Marken in Zeiten der Digitalisierung	93
		3.6.4	Authentizität als Basis für erfolgreiches Employer Branding	96
	3.7	Verwaltungsminimierung		101
	3.8	Controlling und innovativer Verbesserungsprozess		104
		3.8.1	Controlling und Nachhaltigkeitsanalyse	104
		3.8.2	Innovativer Verbesserungsprozess	105
	3.9	Benefit-Management-Prozess und Integration in den Alltag		109
	3.10	Finanzierung und Subventionierung		117
	3.11	Zusammenfassung der zehn Erfolgsbausteine für Ihr persönliches Fairlohnung®-Konzept		123
4	**Die Rolle von Mitarbeiter-Benefits in Zeiten von Wirtschaftskrisen**			**127**
5	**Benefit-Management-System der Zukunft**			**131**
Literaturverzeichnis				**135**

Einleitung

Zusammenfassung

In diesem Kapitel erhalten Sie einen ersten Überblick über das Thema Mitarbeiter-Bonifikation. Zugleich finden Sie (erste) Antworten auf die Fragen: Warum lohnt es sich für kleine und mittlere Unternehmen, ein strukturiertes und umfassendes Benefit-Konzept zu erarbeiten? Was erwartet Sie in diesem Buch? Wie können Sie von der Lektüre profitieren?

Hoch qualifizierte und motivierte Mitarbeiter[1] zu gewinnen und zu halten ist eine der wichtigsten Aufgaben, vor denen Unternehmen stehen. Denn die Mitarbeiter entscheiden über den langfristigen Unternehmenserfolg und sind somit dessen wichtigstes Kapital. Ist das neu für Sie? Vermutlich nicht.

Gerade kleine und mittelständische Unternehmen (KMU) müssen sich besonders ins Zeug legen, um im Wettbewerb um die besten Köpfe mit großen Konzernen mithalten zu können. Deshalb richtet sich dieses Buch auch explizit an KMU, die Toptalente mithilfe einer fairen und attraktiven Mitarbeiter-Bonifikation an sich binden möchten. Es liefert Hintergrundinformationen und Handlungsimpulse, die auch in kleinen und mittelständischen Unternehmen gut umzusetzen sind. Es ist bewusst als praxisnaher und verständlicher Leitfaden konzipiert, denn nicht jedes

---

[1] Um der besseren Lesbarkeit willen wird in diesem Buch das generische Maskulinum verwendet. Alle Angaben beziehen sich jedoch immer auf alle Geschlechter gleichermaßen.

© Springer Fachmedien Wiesbaden GmbH, ein Teil von Springer Nature 2020
F. Anrich, S. Kugler, *Das Fairlohnung-Konzept*,
https://doi.org/10.1007/978-3-658-27922-6_1

mittelständische Unternehmen verfügt über das notwendige Know-how sowie die personellen, finanziellen und zeitlichen Ressourcen, die für Konzerne selbstverständlich sind.

Nicht nur das Thema Fachkräftemangel stellt die Unternehmen vor große Herausforderungen. Meist gestaltet sich die Personalsuche generell schwierig. Und wenn erst einmal qualifizierte Mitarbeiter eingestellt wurden, stellt sich gleich die nächste Frage: Wie lassen sich die Beschäftigten mit den vorhandenen finanziellen Mitteln binden und stetig motivieren – am besten so, dass sich dabei noch die Produktivität erhöht?

Hier muss jedes Unternehmen individuelle Lösungen finden. In der Regel setzen KMU dabei auf Expertise von außen, zum Beispiel von Personal-, Steuer- und Unternehmensberatern, Finanz- und Versicherungsmaklern. Auch eine Kooperation mit einem Fitnessstudio im Rahmen des betrieblichen Gesundheitsmanagements (BGM) ist denkbar. Das Schöne ist: Hier sind der Kreativität keine Grenzen gesetzt. Externe Berater liefern immer wieder neue Ideen und Impulse, die Unternehmen dabei helfen, Personalprozesse erfolgreich zu gestalten.

Doch wie nachhaltig wirken die (neuen) Maßnahmen? Lässt sich dahinter eine logische, konzeptionelle Struktur erkennen? Berücksichtigen die externen Berater die internen Prozesse? Und welche Rolle spielt das Fairlohnung®-Konzept (Abb. 1.1)?

Abb. 1.1 Fairlohnung®

1 Einleitung

Faire Be- und Entlohnungskonzepte bilden die Basis für eine Mitarbeiter-Bonifikation, die Ihr Unternehmen zu etwas Besonderem macht. Was erst einmal teuer klingt, zahlt sich langfristig aus: Sie stärken Ihre Arbeitgebermarke und pflegen Ihr Image, Sie festigen die Mitarbeiterbindung, bekämpfen Fluktuation und erhalten motivierte sowie produktive Mitarbeiter. Dies wiederum bildet die Grundlage des langfristigen wirtschaftlichen Erfolgs Ihres Unternehmens. Oder um es mit Robert Bosch zu sagen:

> Ich zahle nicht gute Löhne, weil ich viel Geld habe, sondern ich habe viel Geld, weil ich gute Löhne bezahle.

Es sind einige Tage vergangen, seit Robert Bosch das gesagt hat. Im heutigen Zeitalter gibt es neben dem Lohn noch einige weitere Faktoren, die für die Zufriedenheit Ihrer Mitarbeiter und somit für Ihren Unternehmenserfolg essenziell sind.

Die Digitalisierung ...
Die Digitalisierung beeinflusst unser aller Leben, sie stellt Firmen und ganze Branchen auf den Kopf. Aufgaben werden komplexer, die Markttransparenz steigt stetig, digitale Techniken beschäftigen jeden Einzelnen rund um die Uhr, lenken unsere Aufmerksamkeit, verändern das soziale Miteinander, beeinflussen private und berufliche Beziehungen.

Für Firmen bedeutet das eine enorme Herausforderung. Die meisten Unternehmen müssen digitale Transformationsprozesse durchlaufen, um am Markt bestehen zu bleiben. Für das Gesundheitsmanagement kommen neue Bereiche hinzu. Gleichzeitig eröffnet die Digitalisierung bei der Umsetzung von agilen Strukturen beim BGM Chancen. Die Planung, die Umsetzung und vor allem das Controlling können optimal unterstützt werden. Jeder Unternehmer sollte sich daher aktiv mit der Digitalisierung auseinandersetzen und sich dabei unter anderem mit den folgenden Fragen beschäftigen:

- Wie können Arbeitsabläufe im Unternehmen optimiert werden?
- Welche Möglichkeiten gibt es, um einzelne Mechanismen zu automatisieren?
- Lässt sich im Unternehmensalltag künstliche Intelligenz einsetzen? Wenn ja, an welcher Stelle?
- Wie kann der Onlinemarkt möglichst effizient und erfolgreich genutzt werden?
- Wie lassen sich soziale Medien gezielt im Marketing einsetzen?

... und der Mensch
Welche Rolle spielt im Zuge der Digitalisierung der Mensch? Wird er in der Wirtschaft der Zukunft überhaupt noch als Arbeitskraft benötigt? Die Antwort ist ein klares Jein.
Fakt ist, dass gewisse Berufe und Aufgabenfelder wegfallen und manche Prozesse zukünftig ohne menschliches Zutun ablaufen werden. Doch ohne Mitarbeiter, die diese Prozesse planen, eine vorausschauende, kluge und erfolgreiche Unternehmensstrategie entwickeln, die sich an die Veränderungen des Markts anpasst, wird auch in Zukunft kein Unternehmen langfristig bestehen können. Darüber hinaus schafft die Digitalisierung auch ganz neue Aufgabenbereiche und Berufsfelder.

> Wenn Sie einen Scheißprozess digitalisieren, dann haben sie einen scheiß digitalen Prozess.

Dieses Zitat von Thorsten Dirks, CEO von Telefónica Deutschland, benennt eine zentrale Herausforderung, vor der sämtliche Unternehmen stehen: Jeder digitale Prozess muss konzeptionell gestaltet, auf seine Sinnhaftigkeit überprüft und stetig weiterentwickelt werden. Auch hier sind wiederum Menschen gefragt.

▶ Das zeigt: Der Mensch spielt bei der Digitalisierung eine ausschlaggebende Rolle.

Die Bedeutung der Mitarbeiter innerhalb der Unternehmung wandelt sich. Wie uns Victor Frankl vermittelt, lebt und definiert sich der **Mensch** durch Sinnhaftigkeit, was im digitalen Zeitalter zu besonderen Problemen führen kann: Werde ich von der Geschäftsführung als Mensch wahrgenommen?

Ob ich als Mitarbeiter die Geschäftsleitung als Vorgesetzte erlebe und selbst nur eine Nummer bin oder ob ich als Mitarbeiter die Geschäftsführung als Führungskräfte erlebe, bei denen ich mich als Mensch wahr- und ernst genommen fühle, ist entscheidend. Mehr denn je wissen wir durch die Gehirnforschung: Wohlbefinden ist subjektiv, vor allem emotional. Maßnahmen der betrieblichen Gesundheitsförderung (BGF) sowie Benefits „bewertet" man daher erst dann positiv, wenn man sich dabei emotional angesprochen fühlt.

Dementsprechend muss sich auch die Fragestellung anpassen: Wie reagieren BGF-Maßnahmen oder agile Gesundheitsmanagementansätze sowie Benefit-Methoden auf die Herausforderungen der Digitalisierung?

Abraham Maslow beschrieb die menschlichen Bedürfnisse, indem er sie nach ihrer Wichtigkeit ordnete. So entstand die berühmte Maslowsche Bedürfnishierarchie.

1 Einleitung

Nach den Grundbedürfnissen – z. B. Essen, Schlafen, Trinken – ist der Wunsch nach Sicherheit besonders wichtig. In Bezug auf die moderne Arbeitswelt bedeutet das: Ein (faires) monatliches Gehalt sichert die Existenz, befriedigt das Bedürfnis nach Sicherheit und bildet damit die Basis für das Wohlbefinden der Mitarbeiter. In der heutigen Zeit reicht jedoch der Lohn nicht aus, um Beschäftigte nachhaltig zu motivieren und zu halten. Andere Faktoren spielen ebenfalls eine Rolle. Soziale Bedürfnisse, der Wunsch nach Anerkennung, Wertschätzung und Selbstverwirklichung sind für die langfristige Zufriedenheit (fast) ebenso wichtig wie die Bezahlung. Auch wenn diese Bedürfnisse in der Maslowschen Bedürfnishierarchie dem Wunsch nach Sicherheit nachgeordnet sind, spielen sie in der Arbeitswelt doch eine sehr wichtige Rolle.

Hier können kleine und mittelständische Unternehmen besonders gut punkten: Wenn sie persönliche Entfaltungsmöglichkeiten, Angebote zur fachlichen Weitentwicklung und eine ausgewogene Work-Life-Balance bieten, können sie im Wettbewerb um die besten Köpfe mit den Großen mithalten und sich auf dem Arbeitgebermarkt positiv hervorheben.

▶ Unternehmen sollten die Chancen der Digitalisierung nutzen, jedoch auch die Mitarbeiterorientierung im Blick behalten. Um nicht nur die Grundbedürfnisse der Beschäftigten zu befriedigen, sollten Arbeitgeber neben dem Barlohn besondere Mitarbeiter-Benefits schaffen, d. h. Personalzusatzleistungen, die das Unternehmen aus der Masse herausheben und für Arbeitnehmer attraktiv machen.

Was erwartet Sie in diesem Buch?
Das Buch widmet sich den Chancen, die sich aus diesen Zusatzleistungen ergeben. Doch Patentrezepte wären hier fehl am Platze: Es geht nicht darum, welche Benefits Sie einführen sollten. Dazu sind die Voraussetzungen viel zu unterschiedlich. Vielmehr lernen Sie in diesem Buch, wie Sie Ihr persönliches Benefit-Konzept erstellen und beständig optimieren können. Denn die Vorteile einer klaren Struktur und eines logischen Aufbaus sind kaum zu überschätzen. Kurz gesagt: Je strukturierter das Konzept, desto größer der Erfolg.

Unter anderem finden Sie in diesem Buch Antworten auf folgende Fragen:

- Wie können Sie sich als Arbeitgeber durch Personalzusatzleistungen vom Markt abheben?
- Welche Leistungen können Sie bieten, um für Mitarbeiter attraktiv zu sein, sie zu binden zu motivieren?

- Welche Rolle spielen die Gefühle der Mitarbeiter in Bezug auf die Bonifikationen?
- Wie muss ein Benefit-Konzept gestaltet sein, damit es emotional nachhaltig wirkt?
- Welche Möglichkeiten bieten sich neben den „Klassikern" Tankgutschein, Tischkicker, Obstkorb und Fitnessstudio?
- Wie können Sie gesetzliche Förderungen bestmöglich nutzen, um Personalzusatzleistungen zu finanzieren?

Aufbau des Buchs
Ein strukturiertes und faires Benefit-Konzept bietet viele Vorteile, um sich als Arbeitgebermarke hervorzutun. Doch unternehmerische Leistungen wirken nur dann, wenn sie auch von den Beschäftigten als etwas Besonderes wahrgenommen werden. Um das zu erreichen, ist ein emotionales Sensibilisierungsmanagement erforderlich. Was sich dahinter verbirgt, welche Chancen durch ein faires Bonifikationskonzept entstehen und was überhaupt als fair zu betrachten ist, ist Gegenstand von Kap. 2.

In Kap. 3 setzen Sie sich mit den zehn Erfolgsbausteinen auseinander, die die Grundlage Ihres persönlichen Fairlohnung®-Konzepts bilden. Je ein Teilkapitel ist einem Baustein gewidmet. Neben Hintergrundinformationen finden Sie zu jedem Baustein praktische Übungen und Denkanstöße.

Warum gerade in finanziell schwierigen Zeiten ein Benefit-Konzept entscheidend ist, um Mitarbeiter zu binden, ist Gegenstand von Kap. 4.

Zum Schluss soll ein Blick in die Zukunft gewagt werden. Sie erhalten Anregungen und Ideen, wie Ihr Benefit-Konzept in fünf, zehn oder 15 Jahren aussehen könnte.

Ziel der Lektüre
Mit praktischen Tipps und Anregungen sollen Sie zu ersten Schritten ermutigt oder auch zum Ausbau bestehender Maßnahmen angeregt werden. Offenheit für neue Impulse spielt dabei eine wichtige Rolle. Ergänzen Sie Ihr Praxiswissen deshalb um neue Anregungen und Denkansätze, die Sie in diesem Buch finden. So kommen Sie Ihrem persönlichen Fairlohnung®-Konzept ein ganzes Stück näher. Ihre Mitarbeiter werden es Ihnen danken.

Aus der Praxis für die Praxis
Die Tipps, Leitfäden und Informationen wurden gemeinsam mit Spezialisten aus der Unternehmensberatung, Personalvermittlung und -beratung, Partnern aus den Bereichen BGM und Firmenfitness erarbeitet. Auch Beratungsunternehmen zur

1 Einleitung

Lohngestaltung, Kommunikationsdienstleister, mittelständische Unternehmen aus verschiedensten Branchen und deren Mitarbeiter haben maßgeblich zur Entstehung dieses Praxishandbuchs beigetragen. Die Erfahrungswerte sind gesammelt in das Fairlohnung®-Konzept eingeflossen, das KMU ganz neue Möglichkeiten der fairen Be- und Entlohnung eröffnet. Ziel ist es, die Mitarbeiter-Bonifikation in KMU zu verändern und mit innovativen Ideen zu beleben.

> Zusammenkommen ist ein Beginn, zusammenbleiben ist ein Fortschritt, zusammenarbeiten ist ein Erfolg. – Henry Ford

Dieses Zitat des berühmten Autobauers beschreibt auch die Philosophie des Fairlohnung®-Konzepts. Zusammenarbeiten heißt für uns, das Konzept ständig weiterzuentwickeln. Deshalb zeichnet die Fairlohnung GmbH jedes Jahr das Unternehmen mit dem Fairlohnung®-Award aus, das das Konzept mit einer besonders innovativen Idee vorangebracht hat.

Ich freue mich über jeder Rückmeldung: Wenn Ihnen während des Lesens eine interessante Bemerkung, Ergänzung oder Frage einfällt, zögern Sie bitte nicht, mich zu kontaktieren! Denn davon lebt das Konzept.

Ich hoffe, dass Sie aus diesem Buch interessante neue Ansätze für Ihren Alltag mitnehmen und von dem geballten Erfahrungswissen der Fairlohnung®-Spezialisten profitieren können. Ich wünsche Ihnen viel Spaß und Erfolg dabei, Ihre Arbeitgebermarke auf einzigartige Weise zu stärken und Mitarbeiter zu begeistern!

Mitarbeiter-Bonifikation: Grundlage des Erfolgs

2

Zusammenfassung

Beinahe jedes kleine und mittlere Unternehmen hat bei der Mitarbeiter-Bonifikation mit vergleichbaren Schwierigkeiten zu kämpfen. Dabei ergeben sich hier langfristig Chancen, sich vom Markt abzuheben. Ein strukturiertes und faires Benefit-Konzept bietet viele Vorteile, um sich als Arbeitgebermarke hervorzutun. Doch unternehmerische Leistungen wirken nur dann, wenn sie auch von den Beschäftigten als etwas Besonderes wahrgenommen werden. Um das zu erreichen, ist ein emotionales Sensibilisierungsmanagement erforderlich. Was sich dahinter verbirgt, welche Chancen durch ein faires Bonifikationskonzept entstehen und was überhaupt als fair zu betrachten ist, ist Gegenstand dieses Kapitels.

2.1 Das Fairlohnung®-Konzept

Die meisten KMU sehen sich mit ähnlichen Herausforderungen konfrontiert, die auch Ihnen sicher geläufig sind. Dazu zählen:

- Arbeitgeberattraktivität (Mitarbeiter finden)
- Abhebung von der Konkurrenz
- Fachkräftemangel

© Springer Fachmedien Wiesbaden GmbH, ein Teil von Springer Nature 2020
F. Anrich, S. Kugler, *Das Fairlohnung-Konzept*,
https://doi.org/10.1007/978-3-658-27922-6_2

- Mitarbeiterbindung
- Mitarbeitermotivation
- Fehltage und mangelnde/steigerungsfähige Produktivität der Mitarbeiter

Wie bereits in Kap. 1 erwähnt, lassen sich kleine und mittelständischen Unternehmen oft von externen Spezialisten in ihrem Personalmanagement – zum Beispiel beim BGM – unterstützen. Sie ziehen beispielsweise Personal-, Steuer- und Unternehmensberater oder Finanz- und Versicherungsmakler hinzu. So versuchen sie, fehlende Kapazitäten und mangelndes Know-how zu kompensieren. Das ist erst einmal eine gute Idee. Allerdings greifen die externen Berater oft nur punktuell ein, sorgen für Verbesserungen in einem Teilbereich, ohne jedoch eine ganzheitliche Struktur zu verfolgen. Anstatt eines umfassenden Konzepts entsteht so eine schwer nachvollziehbare Sammlung von Einzelmaßnahmen.

Beinahe jedes Unternehmen hat auch in puncto Mitarbeiter-Benefits mit vergleichbaren Schwierigkeiten zu kämpfen.

- Die emotionale Wirkung von Mitarbeiter-Benefits verpufft schnell. Das heißt: Leistungen werden von den Beschäftigten meist nach kürzester Zeit bereits als „Standard" empfunden – und zwar unabhängig davon, welche Benefits angeboten werden.
- Benefits werden zu wenig miteinander vergleichen: Beim Marktvergleich bieten Onlinevergleichsprogramme heutzutage maximale Transparenz. Doch in dem vergleichbar jungen Markt der Mitarbeiter-Benefits nutzen nur wenige Unternehmen diese Möglichkeit. Anbieter wie Leistungen werden nur selten im Detail auf den Prüfstand gestellt.
- Die Verwaltung der Benefits beansprucht viele Ressourcen: Je mehr Mitarbeiter und Standorte ein Unternehmen hat und je vielfältiger die angebotenen Leistungen sind, desto mehr Verwaltungsaufwand fällt für Personalverantwortliche und teilweise auch die Buchhaltung an.
- Die interne Kommunikation wird häufig vernachlässigt. Kennen alle Mitarbeiter alle Leistungen, die ihnen das Unternehmen bietet? Werden die Benefits im Onboarding-Prozess neuer Mitarbeiter klar kommuniziert? Erfahrungsgemäß können oft nicht einmal die Geschäftsführer alle Leistungen ihres Unternehmens aufzählen.
- Die goldene Regel des Arbeitgebermarketings lautet: „Tue Gutes und sprich darüber!" In der Praxis sieht das leider häufig anders aus. Viele Unternehmen bewerben ihre Produkte und Dienstleistungen hervorragend, doch die besonderen Leistungen für die Mitarbeiter werden dagegen nicht einmal in der Stellenanzeige aktiv angesprochen.

2.1 Das Fairlohnung®-Konzept

- Oft werden lediglich Maßnahmen angeboten, die nur einen Teil der Belegschaft erreichen – etwa Gesundheitsmaßnahmen, die nur von den „Gesunden" und bereits sportlich aktiven Mitarbeitern in Anspruch genommen werden.

Hier setzt das Fairlohnung®-Konzept an – ein Managementkonzept rund um das Thema Mitarbeiter-Benefits. Darin sind Erfahrungswerte aus verschiedensten Bereichen eingeflossen und zu einem strukturierten Gesamtkonzept zusammengefügt. Dabei wurde das Rad nicht neu erfunden: Fairlohnung® hat gemeinsam mit einem Kreis von Unternehmensberatern aus den Bereichen Personal, Arbeitgebermarketing, Förderungs- und Gesundheitsmanagement sowie Beratungsunternehmen zur Lohngestaltung, Kommunikationsdienstleistern und diversen Gesundheitsinstituten bestehende Erfahrungen und Wissen gebündelt. Die Zielsetzung bestand darin, Benefit-Konzepte aus Konzernen auch mittelständischen Unternehmen zu ermöglichen (Abb. 2.1). Dabei profitiert das Konzept von der ständigen Weiterentwicklung des deutschlandweiten Beraternetzwerks. Zudem

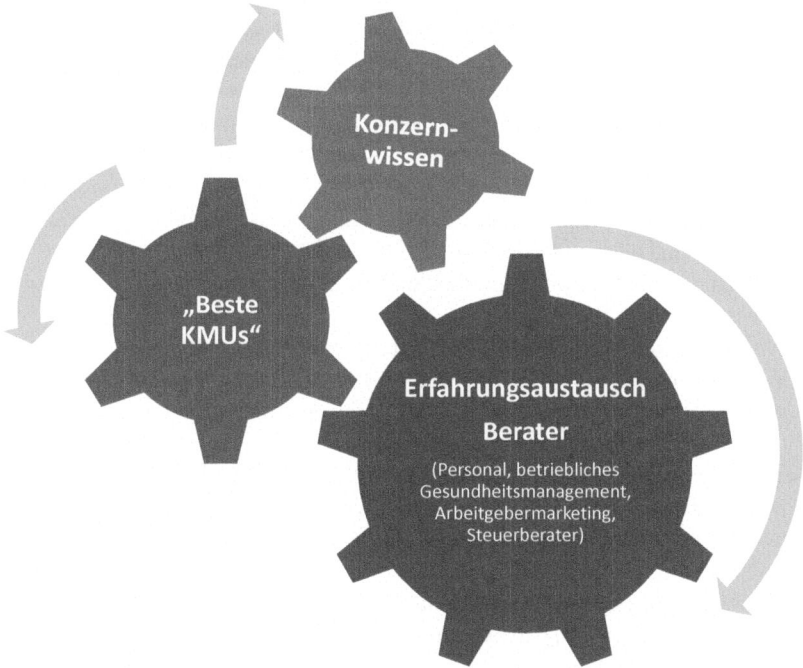

Abb. 2.1 Das Fairlohnung®-Konzept

berücksichtigt es die Herausforderungen des Mittelstands aus Arbeitgeber- und Arbeitnehmersicht.

Davon können auch Sie lernen: Sie müssen nicht alles neu erfinden. Ergänzen Sie Bestehendes mit Ihren Maßnahmen und bleiben Sie bei der Entwicklung kreativ. Tragen Sie aktuelle Trends mit – oder noch besser: Gestalten Sie die Trends!

Unternehmen, die die personalpolitischen Herausforderungen aktiv angehen möchten, finden in Kap. 3 wertvolle Hinweise, wie sie selbst ein gelungenes Benefit-Konzept aufbauen können. Welche Leistungen im Einzelnen angeboten werden, ist im Fairlohnung®-Konzept eher zweitrangig. Denn: Die besten Leistungen bringen nichts, wenn sie nicht logisch aufgebaut und strukturiert umgesetzt werden.

2.2 Faire Be- und Entlohnung: Was heißt fair?

Die kurze Antwort: gerechte Leistungen neben dem Lohn schaffen und hierfür zufriedene Mitarbeiter erhalten.

Die lange Antwort: Unternehmen müssen gut für die Zukunft gerüstet sein. Hierfür ist es unumgänglich, die besten Talente auf dem Bewerbermarkt für sich zu gewinnen. Die Kunst besteht darin, ein faires Konzept zu schaffen, von dem sowohl der Arbeitnehmer als auch der Arbeitgeber profitieren.

Möglicherweise fragen Sie sich nun:

- Ab wann und wie kann ich Ent- und Belohnungskonzepte fair gestalten?
- Ab wann sind diese unfair?
- Wer hat das Recht zu urteilen, wann etwas fair oder unfair ist?
- Wie definiere ich fair?
- Wie schaffe ich es aus Arbeitgebersicht, gerecht zu agieren?
- Wie kann ich das Entlohnungskonzept gleichzeitig für alle Mitarbeiter fair gestalten?

Hierauf gibt es keine pauschal richtigen Antworten. Das Ziel besteht auch gar nicht darin, ein Richtig oder Falsch zu definieren. Jeder Unternehmer hat andere Antworten auf diese Fragen, und auch jeder Beschäftigte definiert das Wort „fair" unterschiedlich.

Vielmehr geht es darum, sich Gedanken zu machen, von Erfahrungen anderer zu profitieren, Orientierungspunkte und eine Struktur zu schaffen. Für ein Unternehmen ist vielleicht das monatliche Gehalt die einzige Möglichkeit, fair zu

2.2 Faire Be- und Entlohnung: Was heißt fair?

handeln. Der nächste Arbeitgeber priorisiert eine große soziale Verantwortung gegenüber seinen Mitarbeitern. Ein dritter wiederum definiert seine Investition in innovative Ideen, seine Arbeitgebermarke und Wirtschaftskraft als einzige faire Lösung, da es den Mitarbeitern nur dann gut gehen kann, wenn die Firma wirtschaftlich erfolgreich ist. Jeder hat hier seine persönliche Definition, was auch gut und richtig so ist.

Ein faires Entlohnungskonzept sollte aber auf jeden Fall immer auf eine Win-win-Situation für Arbeitgeber und Arbeitnehmer abzielen. Exemplarisch kann ein faires Entlohnungskonzept folgende Mehrwerte bieten (Tab. 2.1):

Dabei gilt natürlich: Ein Entlohnungskonzept kann und muss nicht alle Vorteile bieten. Die in Tab. 2.1 aufgeführten Vorteile betreffen ganz unterschiedliche Benefits und sind eher exemplarisch zu verstehen. Sie zeigen aber die Vielfalt der möglichen Wins für beide Seiten.

Tab. 2.1 Arbeitnehmer- und Arbeitgeber-Wins

Arbeitgeber-Win	Arbeitnehmer-Win
Positionierung als attraktiver sozialer Arbeitgeber	umfangreicher Leistungskatalog in verschiedenen Bereichen
Wettbewerbsvorteile und Anreize zur Mitarbeitergewinnung	individuelle Abrufung der Leistungen
Vorteil bei der Einstellung neuer Mitarbeiter	umfangreiche und anhaltend erlebbare Sozialleistung
Steigerung der Mitarbeiterzufriedenheit und -motivation	finanzielle Vorteile und mehr als eine Gehaltserhöhung
erlebbare Mehrwerte – innovativ, sofort und nachhaltig	Einbindung der Familienangehörigen
Bindung der Mitarbeiter an das Unternehmen	Wertschätzung des Arbeitgebers
interessanter und emotionaler als eine gewöhnliche Lohnerhöhung	Gesundheitsförderung und Verbesserung der Lebensqualität
langfristig Reduzierung der Personalkosten	Kompensation der höheren Lebenshaltungskosten
lukrative Finanzierung, Steuervorteile und Subventionierungen	Erhöhung der Nettoeffekte bei einer Lohnerhöhung und/oder Sonderzahlungen
Rechtssicherheit	attraktiver Arbeitsplatz
besondere Mehrwerte im Bewerbungsprozess	besserer Gesundheitszustand und Wohlbefinden
Gestaltung eines Benefit-Konzepts anstatt einzelner Benefit-Lösungen	Schließung wichtiger Versorgungslücken

2.3 Personalpolitische Chancen

Eine innovative neue Geschäftsidee kann den Umsatz kurzfristig stark steigen lassen. Der Wegfall eines wichtigen Großkunden wiederum hat schnell negative Auswirkungen auf die Umsatzzahlen. Deshalb investieren Unternehmen oft viel Zeit und Geld in neue – innovative – Produktideen, arbeiten an der Kundenbindung, der Vermarktung ihrer Produkte und an neuen Vertriebsstrategien.

Auch personalpolitische Herausforderungen sind jedem Unternehmen bekannt. Doch darauf reagieren die Firmen – vor allem Mittelständler – oft weitaus zögerlicher. Viele Unternehmen suchen neue Mitarbeiter, wollen diese binden und motivieren. Eine Investition in die eigene Belegschaft, deren Wohlbefinden, Gesundheit, Zufriedenheit und Motivation wird jedoch immer wieder hintangestellt.

Genau hier ergeben sich langfristig für Sie als Unternehmen besondere Chancen, nicht nur mit Ihren Produkten und Dienstleistungen zu überzeugen, sondern sich durch Investitionen und strategische personalpolitische Entscheidungen vom Markt abzuheben. Ein strukturiertes Benefit-Konzept bietet viele Vorteile, um sich als Arbeitgebermarke hervorzutun. Dadurch sind Sie dem Markt einen Schritt voraus und können Ihre personalpolitischen Chancen maximal ausschöpfen.

Da die personalpolitischen Herausforderungen in der Regel bekannt sind, werden diese Themen nur am Rande thematisiert. Stattdessen sollen die Intentionen und Zielsetzungen eines Mitarbeiter-Benefit-Konzepts (Kap. 3 bis Kap. 5) im Fokus stehen.

Die vier größten Vorteile Ihres persönlichen Fairlohnung®-Konzepts sind:

- eine starke, ansprechende und attraktive Arbeitgebermarke
- Gesundheit und Produktivität der Beschäftigten
- Zufriedenheit und Wohlbefinden der Mitarbeiter
- Zeit- und Geldersparnis

Eine starke Arbeitgebermarke
Mit einem maßgeschneiderten Benefit-Konzept heben sich vom Markt ab. Die Vorzüge Ihres Unternehmens werden bei Arbeitnehmern schnell die Runde machen. Das führt zu mehr Bewerbern – Sie benötigen in der Folge weniger externes Recruiting.

Chance: Sie senken den Aufwand bei der Personalsuche und der Gewinnung von Fachkräften. So können Sie im „War for Talents" die besten Köpfe für Ihr Unternehmen gewinnen. Hierdurch bestehen Sie im wirtschaftlichen und demografischen Wandel. Dies wirkt sich auch auf Ihren Auftritt als Arbeitgeber aus: Kunden nehmen dieses Engagement und Ihren Auftritt als soziale Arbeitgebermarke ebenfalls positiv zur Kenntnis.

Gesundheit und Produktivität der Mitarbeiter
Der Faktor Gesundheit wird immer wichtiger! Absentismus (Fehltage) und Präsentismus (Produktivitätsverlust) sind für einige Unternehmen ein echtes Problem. Wenn Beschäftigte längere Zeit krank sind, drohen Produktionsausfälle. Um dem entgegenzuwirken, werden Ersatzarbeitskräfte eingesetzt oder Kollegen der Erkrankten müssen Mehrarbeit leisten. Im schlimmsten Fall kommt es dann zu Qualitätseinbußen, unzufriedenen Mitarbeitern, geringerem Umsatz, enttäuschten Kunden und einem Imageverlust. Ein echter Teufelskreis!

Chance: Wenn Sie den gesunden Lebensstil und die Konzentration der Mitarbeiter fördern, sind diese leistungsfähiger und produktiver. Durch Präventionsmaßnahmen und Unterstützung bei gesundheitlichen Problemen minimieren Sie außerdem Fehltage. Indem Sie Ihre Mitarbeiter als stärksten Produktionsfaktor Ihrer Firma steigern, erhalten Sie langfristig einen klaren Wettbewerbsvorteil. Hier gilt: Prävention vor Krisenmanagement.

Zufriedenheit der Mitarbeiter
Motivierte Mitarbeiter entscheiden über den Erfolg eines jeden Unternehmens. Wenn Sie besondere Wertschätzung und echte Mitarbeiterbegeisterung vermitteln, erhalten Sie engagierte Mitarbeiter als Botschafter für Ihr Unternehmen. Konzentrieren Sie sich darauf, qualifiziertes Personal zu halten, um nicht ständig nach neuen Mitarbeitern Ausschau halten zu müssen. Wertschöpfung durch Wertschätzung!

Chance: Durch ein gelungenes und gut kommuniziertes Benefit-Konzept tragen Sie maßgeblich zur Zufriedenheit der Belegschaft bei. Mitarbeiterbindung und Verbleibsquote steigen, die Fluktuation nimmt ab und das Arbeitsklima verbessert sich spürbar.

Zeit- und Geldersparnis
Wo liegen Ihre höchsten Kosten und die größten Verwaltungsaufwände? Schlagen vor allem eine Fluktuation und das damit verbundene Recruiting, viele Fehltage oder fehlende Produktivität der Beschäftigten zu Buche? Diese Kosten sind häufig nur schwer zu beziffern, da der Rattenschwanz eines Personalabgangs meist sehr lang ist. Einen Überblick über die möglichen Folgekosten bei einem Personalabgang finden Sie in Abb. 2.2.

Chance: Ihr Benefit-Konzept muss keine Kostenfalle sein! Sie erhalten lukrative Finanzierungen durch gesetzliche Förderungen, staatliche Zuschüsse und

Abb. 2.2 Folgekosten bei einem Personalabgang

Steuervorteile. Die optimierte Kommunikation und Prozessautomatisierung, die ein strukturiertes Benefit-Konzept mit sich bringt, ermöglichen Ihnen einen minimalen Verwaltungsaufwand, vereinfachte Personalverwaltung wie auch ein effizienteres Onboarding.

2.4 Emotionales Sensibilisierungsmanagement

Jeder Mensch entscheidet vor allem emotional. Genau deshalb ist es für Betriebe wesentlich, dass die subjektiven Empfindungen der Mitarbeiter positiv angesprochen werden. Emotionen spielen bei der Personalpolitik eine nicht zu unterschätzende Rolle, so auch bei der Gestaltung eines Benefit-Konzepts.

Ein Beispiel: Mitarbeiter X weiß dank der sozialen Medien nahezu in Echtzeit darüber Bescheid, dass die Katze des Verwandten dritten Grades neue Babys bekommen hat. Er likt und teilt diese Nachricht sofort. Welche Benefits sein Arbeitgeber bietet, ist ihm dagegen nicht im Einzelnen bekannt. Bestehende Rabattierungen bei Partnerunternehmen und Onlineshops ruft er nicht ab. Doch wenn er bei Amazon kauft, erwirbt er regelmäßig weitere Teile, die er ursprünglich gar nicht kaufen wollte, da dort vermerkt ist „wird oft zusammen gekauft".

Warum schaffen die sozialen Medien Abhängigkeiten und eine Bindung, die einer Suchterscheinung gleicht, während Arbeitgeber verzweifelt versuchen, ihre Mitarbeiter zu erreichen? Wie nehmen Beschäftigte – emotional und sachlich-rational – Personalzusatzleistungen (Benefits) wahr? Was lenkt und motiviert Mitarbeiter?

2.4 Emotionales Sensibilisierungsmanagement

Was ist zu tun?
Häufig sind Mitarbeiter-Benefits nicht transparent für den Einzelnen aufgearbeitet oder sie werden nicht ausreichend kommuniziert. Deshalb erreichen sie die Beschäftigten nicht oder sie werden wieder vergessen. Hier sind Sie als Unternehmer gefragt. Übernehmen Sie die Verantwortung dafür, dass Ihre Benefits von den Mitarbeitern wahrgenommen werden und emotional wirken. Ihre Leistungen sind nur so gut wie die Kommunikation, mit der sie vermittelt werden.

Sensibilisierungsmanagement meint den Managementprozess, wie ein Mitarbeiter-Benefit-Konzept im Unternehmen aufgebaut sein sollte, dass es emotional nachhaltig wirkt und lebendig weiterentwickelt wird.

▶ Zusatzleistungen, die die Mitarbeiter nicht emotional erreichen, werden nicht als besondere Leistungen wahrgenommen. Die emotional ansprechende Gestaltung (Kap. 3) und Kommunikation des Benefit-Konzepts ist einer der entscheidenden Erfolgsfaktoren für Ihre Mitarbeiter-Bonifikation.

Unternehmen sollten in jedem Fall wissen, welche intrinsischen Motivationsfaktoren bei den Mitarbeitern eine Rolle spielen. Konkret: Welche **innere, aus sich selbst entstehende Motivation** steht in Zusammenhang mit den Mitarbeiter-Benefits? Denn nur wenn ein Arbeitgeber weiß, was die Beschäftigten antreibt, kann er dafür sorgen, dass Zusatzleistungen emotional wirken und motivieren – kurzum: dass ein Zugehörigkeitsgefühl entsteht.

Doch nicht jeder tickt gleich: Ein Mitarbeiter, der seinen Arbeitsplatz auf einer rein rationalen Ebene wählt, ist ausschließlich wirtschaftlich getrieben. Hier ist es nur sehr schwer, eine Bindung zu schaffen. Wer wegen Geld kommt, geht auch wegen Geld. Doch die große Mehrheit der Arbeitnehmer – zu diesem Ergebnis kommen alle einschlägigen Studien – legt bei der Wahl des Arbeitgebers Wert auf emotionale Faktoren wie Sinnhaftigkeit oder Entfaltungsmöglichkeiten. Hier liegt das große Potenzial der KMU, die deutlich mehr Freiraum geben können als große Konzerne, die in der Regel hierarchisch, starr und schwerfällig sind.

Ein Wirgefühl erreichen Sie nicht nur durch die Wahl der „perfekten" Benefits, sondern vor allem dadurch, dass Sie die Zusatzleistungen emotional ansprechend gestalten. Sie brauchen Benefits, die die Mitarbeiter gern in Anspruch nehmen, weil sie Spaß machen, sinnvoll oder herausfordernd sind oder den Einzelnen weiterbringen und interessieren.

Sie bieten bereits Benefits – aber kaum ein Mitarbeiter nutzt diese? Damit sind Sie nicht allein! Häufig bleibt die Resonanz verhalten. Geld allein in zusätzliche Leistungen zu investieren reicht nicht aus.

Tipp: Investieren Sie vor allem Zeit in den Aufbau! Dieser entscheidet in der Regel über den Erfolg Ihres Benefit-Konzepts.

Zielsetzung
Ziel sollte eine Mitarbeiter-Bonifikation sein, die emotional ansprechend aufgebaut ist. Dazu sollten die Zusatzleistungen mit den intrinsischen Motivationsfaktoren verknüpft und zu einem strukturellen Entlohnungskonzept zusammengeführt werden. Dieses Konzept muss wiederum in regelmäßigen Abständen und auf transparente Weise an die Mitarbeiter kommuniziert werden.

Um ein nachhaltig faires Entlohnungskonzept einzuführen, sollte ein entsprechender Qualitätsmanagement-Prozess eingeleitet werden.

Tipp: Nehmen Sie sich ausreichend Zeit, um die Leistungen auszuwählen, die die Mitarbeiter zur Verfügung gestellt bekommen. Planen Sie ebenfalls genug Zeit ein, um die Anbieter entsprechender Leistungen zu vergleichen. Führen Sie dazu eine Marktanalyse durch, erstellen Sie eine Benefit-Zielplanung und -vision. Auch die Einführung und Kommunikation der Zusatzleistungen sollte behutsam und ohne Hektik erfolgen. Die Kommunikation im Innen- und Außenauftritt ist einer der ausschlagenden Erfolgsfaktoren.

In Kap. 3 lernen Sie die zehn Erfolgsbausteine für Ihr persönliches Fairlohnung®-Konzept kennen, die Sie dabei unterstützen, die Mitarbeiterbindung zu stärken. Eine optimale Bindung wird durch einen Mix aus Rationalem (z. B. Barlohn) und Emotionalem (z. B. Werte, Wirgefühl) geschaffen.

Emotionale Faktoren sind neben den Mitarbeiter-Benefits die Gewohnheiten, Normen und Wertigkeiten, zum Beispiel eine gute Feedbackkultur oder eine besondere Wertschätzung vonseiten der Vorgesetzten. Prüfen Sie, ob an dieser Stelle Verbesserungen möglich sind. Ein Coach kann Ihnen und Ihren Führungskräften wichtige Werkzeuge zur Entwicklung und Gestaltung emotionaler Faktoren an die Hand geben. Schaffen Sie hierdurch ein Fundament, das Ihr Fairlohnung®-Konzept stärkt.

> **Einzigartige intrinsische Motivationsmodelle: das „Olympiasieger-Modell"**
> Ein erfolgreiches emotionales Sensibilisierungsmanagement zeichnet sich nicht nur durch einen Ansporn- und Challenge-Gedanken sowie eine Sensibilisierung durch regelmäßige (kleine oder größere) Erfolge aus, auch spezielle intrinsische Motivationsmodelle sind denkbar. Sie wirken umso besser, je einzigartiger sie sind. Entwickeln Sie Konzepte, von denen die Mitarbeiter in dieser Form noch nie gehört haben – Maßnahmen, die jeden Beschäftigten stolz sein lassen, einen besonderen Arbeitgeber zu haben.

2.4 Emotionales Sensibilisierungsmanagement

Ein solches besonderes Konzept möchte ich Ihnen näher vorstellen: das sogenannte „Olympiasieger-Modell" für das Olympiajahr 2020. Entwickelt wurde es gemeinsam mit Sven Ehricht, Inhaber der SPORT SPEAKER GmbH, Deutschlands Rednernetzwerk aus Olympiasiegern, Weltmeistern und Champions-League-Gewinnern. Gemeinsam mit seinem Partner, der Skisprunglegende Sven Hannawald berät er weltweit Unternehmen bei der Auswahl prominenter Sportler für Live-Kommunikation (Vorträge, Teamevents und Seminare) und Sponsoring (Sportler als Markenbotschafter).

Ziel ist es, für die Mitarbeiter in Unternehmen bei deren Projekten einzigartige Motivationsfaktoren zu schaffen. Begleitet wird das Projekt von einem Spitzensportler. Das „Olympiasieger-Modell" verbindet die eigenen intensiven Erfahrungen des Sportlers auf dem Weg an die Weltspitze mit den Herausforderungen großer, mittelständischer und kleiner Unternehmen bei der täglichen Führungs-, Projekt- und Verkaufsarbeit.

Der Projektablauf in der Praxis gestaltet sich folgendermaßen: Für die ganze Firma wird für ein Kalenderjahr ein besonderes Gesundheits- und/oder Motivationsthema ausgerufen. Dazu wird gemeinsam ein passender erfolgreicher Sportler ausgewählt, der zu Beginn des Jahres einen motivierenden Impulsvortrag im Unternehmen hält und das Gelernte wenn möglich mit einer teambildenden Aktivität vertieft – ein einzigartiges gesundes Lernerlebnis, das begeistert!

Ein Beispiel: Über das Olympiajahr 2020 hinweg werden mit den Mitarbeitern verschiedene Challenges veranstaltet – etwa in Form von Vor-Ort-Kursen oder Wettbewerben. Auch digitale Mittel kommen dabei zum Einsatz. Der Kreativität sind hierbei keine Grenzen gesetzt – je vielfältiger, desto lebendiger! In der Regel treten verschiedene (relativ kleine) Teams in verschiedenen Disziplinen gegeneinander an, wie bei Olympia. In der Mitte des Jahres sind dann die Olympischen Spiele vom 24.07. bis zum 09.08. ein weiterer Eventbaustein, beispielsweise mit einem sportlich aktiven Firmen-Sommerfest als Teamolympiade mit anschließendem Public Viewing ausgewählter Entscheidungen. So wird der Teambuilding-Gedanke gestärkt, die Beschäftigten bleiben fit und motiviert.

Um die intrinsische Motivation der Teilnehmer noch weiter zu erhöhen, sollten besonders emotionale, für den Einzelnen nicht käufliche Preise ausgelobt werden, die am Jahresende verliehen werden – zum Beispiel im Rahmen einer Firmenfeier kurz vor Weihnachten. Der Hauptpreis kann beispielsweise ein exklusives Event, ein Wettkampfbesuch oder gar eine Incentive-Reise mit dem begleitenden Spitzensportler sein. Gemeinsam mit den Unternehmen entwickeln wir individuelle und kreative Ideen, die das Olympiajahr 2020 abrunden. Der Sport verbindet – und das auf eine sympathische und nachhaltige Art. Durch die gemeinsame Auswahl der Themen und des Sportlers können wir individuell auf die Firmenphilosophie und die Bedürfnisse der Unternehmen eingehen und die Mitarbeiter begeistern.

Die zehn Erfolgsbausteine Ihres persönlichen Fairlohnung®-Konzepts 3

> **Zusammenfassung**
> In diesem Kapitel lernen Sie die zehn Erfolgsbausteine kennen, die die Grundlage Ihres persönlichen Fairlohnung®-Konzepts bilden. Hierzu sollten Sie einen Benefit-Management-Prozess entwickeln, der kontinuierlich überprüft und verbessert wird. Zu jedem der zehn Bausteine finden Sie Hintergrundinformationen, Fragestellungen, Umsetzungstipps und Denkanstöße. So können Sie sich inspirieren lassen, aber auch aktiv an Ihrem persönlichen Benefit-Konzept arbeiten.

Die folgenden zehn Erfolgsbausteine bilden die Grundlage Ihres persönlichen Fairlohnung®-Konzepts. Hierzu sollten Sie einen Benefit-Management-Prozess entwickeln, der kontinuierlich überprüft und verbessert wird (Abb. 3.1). Die einzelnen Schritte finden Sie in Abschn. 3.1 bis Abschn. 3.10 ausführlich dargestellt.

1. Bestandsanalyse durchführen
2. agile Benefit-Vision erstellen
3. Benefit-Auswahlstrategie festlegen
4. Kommunikationsmix wählen
5. emotionales Sensibilisierungsmanagement betreiben
6. Arbeitgebermarketing optimieren

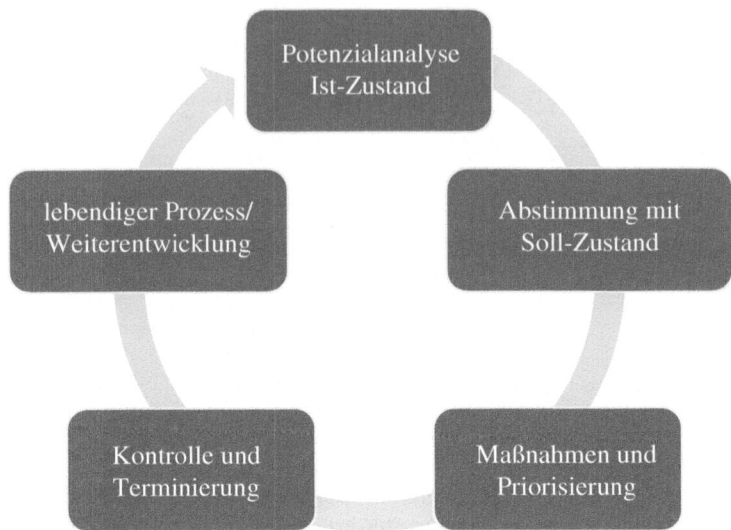

Abb. 3.1 Benefit-Management-Prozess

7. Verwaltungsaufwand reduzieren
8. Ergebnisse überprüfen und nachhalten
9. Benefit-Prozess managen
10. Finanzierung der Benefits sicherstellen

Die Fragestellungen, Umsetzungstipps und Denkanstöße sind als Leitfaden und Grundlage zur Erreichung Ihrer personalpolitischen Ziele strukturiert. Immer wieder werden Sie dazu aufgefordert, selbst aktiv zu werden. Nehmen Sie sich Zeit, um die Fragen ausführlich zu beantworten. Bei Bedarf können Sie die Aufgaben auch kopieren und an verschiedene Personen austeilen, um sich ein Gesamtbild zu verschaffen.

Bevor es konkret wird, einige allgemeine Informationen zu Ihrem Benefit-Management-Prozess:

Potenzialanalyse/Ist-Zustand
Zu Beginn des Prozesses steht die Analyse des aktuellen Zustands. In Abschn. 3.1 finden Sie dazu zahlreiche Fragen. Diese dienen als Orientierung und können gerne angepasst oder auch ergänzt werden. Um ein Gesamtbild von der

3 Die zehn Erfolgsbausteine Ihres persönlichen Fairlohnung®-Konzepts

Situation zu erhalten, bitten Sie verschiedene interne und externe Personen um eine Einschätzung, beispielsweise Mitarbeiter aus der Personalabteilung, Finanzierungsgeber, Geschäftsführer, Führungskräfte, Vertreter des Betriebsrats etc. Damit die Antworten möglichst offen und ehrlich ausfallen, sollte dabei die Anonymität gewahrt bleiben.

Soll-Zustand
Die Erfahrungswerte aus der Praxis unterstützen Sie dabei, Ihren persönlichen Soll-Zustand zu definieren. Auch hier ist es sinnvoll, verschiedene Seiten in den Prozess miteinzubeziehen. Erarbeiten Sie beispielsweise in einem Workshop mit diversen betroffenen Personen Ihre individuelle Zielsetzung.

Maßnahmen und Priorisierung
Jedes Unternehmen hat einen anderen Ist-Zustand und entsprechenden Handlungsbedarf. Die Maßnahmen sind daher individuell zu ermitteln und zu priorisieren. Auf dem Weg zu Ihrem persönlichen Fairlohnung®-Konzept sollten diverse Zwischenziele gesteckt werden.

Tipp: Gehen Sie die Themen Schritt für Schritt an und definieren Sie hierbei die wichtigsten ersten Schritte sowie die langfristige Planung. Nachdem Sie die zehn Erfolgsbausteine aus Kap. 3 durchgearbeitet haben, sollten die handelnden Personen genau wissen, wo ihre Aufgabenbereiche liegen, welche Themen als Erstes zu bearbeiten sind und wann die nächste Rücksprache hierzu erfolgen wird.

Kontrolle und Terminierung
Die Kontrolle der klar terminierten Etappenziele ist einer der ausschlagenden Punkte für den langfristigen Erfolg. Denn: Was hilft ein theoretisches Ziel, wenn niemand überprüft, ob es tatsächlich erreicht wird? Im besten Fall kontrollieren verschiedene Personen oder Prozessbeteiligte gegenseitig, ob die jeweiligen Teilziele erreicht wurden. Hierdurch entstehen weitere Motivations- und Anreizfaktoren: Ein Team kann beispielsweise das Erreichen eines Etappenziels feiern oder im Falle einer Abweichung rechtzeitig reagieren.

Aufbau eines lebendigen Prozesses
Installieren Sie einen lebendigen Prozess. Gemeint ist eine kontinuierliche Verbesserung, sodass die Planung durchgehend weiterentwickelt wird. Denn nur so kann Ihr persönliches Fairlohnung®-Konzept nachhaltig, innovativ und erfolgreich sein. Beachten Sie hierzu vor allem den Erfolgsbaustein 9 (Abschn. 3.8).

Die zehn Erfolgsbausteine als Workbook – warum?
Wenn Sie ganz ehrlich zu sich selbst sind – also wirklich hundertprozentig ehrlich – werden Sie der folgenden Annahme sicher zustimmen:

Wenn wir aktiv an neuen Themen arbeiten, stoßen wir immer wieder auf neue, interessante Ansätze. Diese sind vor allem dann bereichernd, wenn wir kreativ und offen bleiben, uns inspirieren lassen und die neuen Ansätze mit bekanntem Wissen verknüpfen. Doch wir setzen nicht *alle* neuen Ideen um, die wir haben. Uns fällt es schwer, die Themen herauszuarbeiten, die uns am meisten voranbringen. Kurzum: Es passiert immer wieder, dass wir neue Impulse bekommen, jedoch nicht handeln. So gehen viele wertvolle Informationen verloren.

Damit das nicht bei Ihrem Fairlohnung®-Konzept passiert, werden Sie sich in Kap. 3 systematisch mit neuen Ansätzen und Impulsen beschäftigen. Die zehn Erfolgsbausteine sind als Workbook gestaltet. Zu jedem Baustein finden Sie wichtige Basisinformationen und neue Ansatzpunkte, zusammenfassende Merksätze, aber auch zahlreiche inspirierende Denkanstöße in Form von Fragen. Wenn Sie das in der Praxis aktiv anwenden wollen, nehmen Sie sich Zeit dafür. Am Ende jedes Erfolgsbausteins können Sie Ihre wichtigsten Erkenntnisse zu dem Kapitel notieren. Schreiben Sie hier wirklich nur die wichtigsten Punkte auf, also die Themen, die Sie umsetzen wollen. Terminieren Sie diese am besten direkt und leiten Sie die entsprechenden nächsten Schritte ein.

▶ **Tipps zur Beantwortung und Bearbeitung der Fragen** Veranstalten Sie einen Ideenworkshop in kleinen Gruppen (drei bis sieben Personen). Eine kreative Umgebung regt innovative Ideen an. Beziehen Sie Mitarbeiter aus verschiedenen Abteilungen und externe Personen mit ein. Hierbei können Sie die Ideen von Auszubildenden, der Personalabteilung, Bereichsleitern, dem Betriebsrat, dem Finanzierer, der Geschäftsführung, der Marketingabteilung, von Geschäftspartnern und Beratern kreativ bündeln.

Nun liegt es an Ihnen. Seien Sie offen für Neues. Auch wenn Sie aus den zehn Erfolgsbausteinen nur eine einzige Erkenntnis mitnehmen können, kann dies in der Zukunft ausschlaggebend für die Gestaltung Ihres Benefit-Konzepts, Ihre Arbeitgeberattraktivität und somit Ihren wirtschaftlichen Erfolg sein.

3.1 Bestandsanalyse

Der erste Schritt zu Ihrem persönlichen Fairlohnung®-Konzept besteht in der Analyse des Ist-Zustands. Bei der Bestandsanalyse kommt es darauf an, die bestehenden Leistungen zusammenzutragen und Wissen zu sammeln.

Vor allem Ihre Erfahrungen aus der Vergangenheit können helfen herauszufinden, was bei Ihrem individuellen Konzept zu beachten ist. Positives und Erfolgreiches können Sie übernehmen, aus Fehlern lernen und Prioritäten in der Gestaltung setzen.

Bei diesem Schritt können Sie auch überlegen, in welchen Bereichen Sie Experten, Spezialisten aus anderen Firmen oder auch Beratungsunternehmen hinzuziehen sollten, um sich (weiteres) Lehrgeld zu ersparen oder von deren Erfahrungswissen zu profitieren.

Jetzt sind Sie dran

Notieren Sie: Welche Zusatzleistungen erhalten die Mitarbeiter neben dem Lohn bis dato? Listen Sie dabei wirklich alle Leistungen im Detail auf.

Welche Erwartungen haben Sie an Personalzusatzleistungen? Wie kommen die Benefits aktuell an?

Welche positiven Erfahrungen wurden mit den Benefits in der Vergangenheit gemacht? Was ist Ihren Mitarbeitern hierbei besonders wichtig?

3.1 Bestandsanalyse

Welche negativen Erfahrungen wurden mit den Benefits in der Vergangenheit gemacht? Was ist hier schiefgelaufen? Welche Schlüsse ziehen Sie daraus?

_____
_____
_____
_____
_____
_____
_____
_____
_____
_____
_____
_____
_____

Was hält Ihre Mitarbeiter davon ab, Leistungen abzurufen? Haben Sie das Gefühl, dass Ihre Mitarbeiter Leistungen nicht wertschätzen? Woran könnte das liegen?

_____
_____
_____
_____
_____
_____
_____
_____
_____
_____
_____
_____
_____

Haben Sie bereits einmal von Mitarbeiter-Benefits in anderen Firmen gehört, die Sie gerne auch bei sich umsetzen würden (wenn ja: welche)? Warum haben Sie es nicht gemacht?

_____
_____
_____
_____
_____
_____
_____
_____
_____
_____
_____

Mit welchen Unternehmen stehen Sie auf dem Arbeitnehmermarkt im Wettbewerb? Welche Leistungen bieten diese ihren Mitarbeitern?

_____
_____
_____
_____
_____
_____
_____
_____
_____
_____
_____
_____
_____

3.1 Bestandsanalyse

Tipp: Sie haben die Fragen nur kurz und knapp beantwortet? Dann lesen Sie bitte noch nicht weiter! Nehmen Sie sich für die Bestandsanalyse ausreichend Zeit und ziehen Sie bei Bedarf auch andere Personen zurate. Hierdurch sparen Sie später besonders viel Kraft, Zeit und Geld.

> The only real mistake is the one from which we learn nothing. – Henry Ford

Lernen Sie nicht nur aus Ihren Fehlern, sondern vor allem auch aus den Erfahrungen, die andere in dem noch vergleichsweise jungen Benefit-Markt gesammelt haben. Lernen Sie von den besten Arbeitgebern der Branche! Ein Austausch lohnt sich in jedem Fall.

Gleichermaßen gilt: Lernen Sie nicht nur aus vergangenen Fehlern, sondern stärken Sie auch die Bereiche, in denen Sie positive Erfahrungen gemacht haben.

Innovationsimpulse und -fragen
Das Raumfahrtunternehmen SpaceX möchte seine Raketen wiederverwenden. Bis zum Erfolg war es ein langer Weg voller Abstürze und Explosionen. Diese Fehlschläge feiert SpaceX in einem lustigen Video. Wie gehen wir mit unseren Fehlschlägen um? Wie können wir unsere Fehlschläge feiern?

Fehlschläge gehören zum Alltag eines Unternehmens. Dabei handelt es sich um ganz normale Lernerfahrungen. Wer nicht scheitert, lernt nichts. Entscheidend ist, wie wir mit diesen Erfahrungen umgehen. Kehren wir unsere Misserfolge unter den Teppich? Oder stehen wir zu unserem Weg und seinen Stolpersteinen? Wer sich später nicht für sein erstes Produkt, seine erste Dienstleistung oder seinen ersten Raketenstart schämt, hat zu spät begonnen. Perfektionismus ist in einer Turbowelt zunehmend hinderlich. Lernen hingegen ist immer angesagt und heute wichtiger denn je.

Auf einen Blick
Notieren Sie hier, was Sie aus diesem Teilkapitel mitnehmen.
 Das ist uns besonders wichtig
_____
_____
_____
_____
_____

Unsere nächsten Schritte

3.2 Agile Benefit-Vision

Haben Sie eine ausführliche Bestandsanalyse durchgeführt? Wenn nicht, haben Sie noch einmal die Chance, zurückzublättern und dies nachzuholen.

Im nächsten Schritt geht es darum, eine agile Benefit-Vision zu kreieren. Was heißt das? Handeln Sie proaktiv und möglichst zeitnah, um notwendige Veränderungen einzuleiten. Nur hierdurch können Sie dem enormen Tempo und der Veränderungsgeschwindigkeit des Arbeitnehmermarkts standhalten.

Setzen Sie sich als Ziel, die personalpolitischen Chancen (Abschn. 2.3) schneller zu nutzen als Ihre Konkurrenz. Dann sind Sie dem Markt immer einen Schritt voraus und genießen einen besonderen Wettbewerbsvorteil.

Darüber hinaus kann Agilität im Personalbereich bedeuten, dass Sie Ihr faires Be- und Entlohnungskonzept im Dialog mit Mitarbeitern und Führungskräften erstellen, wobei Sie Ihr Team stark in die Personalplanung einbeziehen.

3.2 Agile Benefit-Vision

Die agile Benefit-Vision (oder: Personalvision) setzt sich aus Ihren Werten und Grundsätzen sowie aus Ihren personalpolitischen Chancen und Zielen zusammen. Zu den Grundsätzen des Fairlohnung®-Konzepts zählt die Verantwortlichkeit der Arbeitgeber. Was ist damit gemeint? Nicht die Grundsätze, die letztlich auf dem Papier stehen sind ausschlaggebend, sondern vor allem Ihre innere Einstellung zu dem Prozess und zu der Belegschaft. Seien Sie dankbar für die Mitarbeiter, die Sie aktuell im Unternehmen haben. Seien Sie stolz auf die Zusatzleistungen, die Sie Ihren Mitarbeiter bereits ermöglichen. Akzeptieren Sie es für den Moment auch, wenn noch nicht alles perfekt läuft, denn Sie können vergangene Fehler nicht mehr ändern. Vielmehr gilt es, die Zukunft zu gestalten. Erarbeiten Sie nun anhand Ihrer Stärken und neuer Ansätze alles, was Sie sich für die Erreichung Ihrer personalpolitischen Ziele wünschen!

3.2.1 Werte und Grundsätze

Jetzt sind Sie dran

Welche Grundsätze und Leitbilder verfolgen Sie bis dato?

_____
_____
_____
_____
_____
_____
_____
_____
_____
_____
_____
_____
_____
_____
_____
_____
_____
_____

Welche Aspekte Ihrer Unternehmensvision und Ihrer Unternehmenswerte sollen in Ihre Benefit- bzw. Personalvision aufgenommen werden?

Wie wollen Sie als Arbeitgeber im Innen- und Außenauftritt wahrgenommen werden? Welches Image möchten Sie Bewerbern oder Kunden vermitteln? Wie wollen Sie Ihre Rolle als Arbeitgeber nach außen widerspiegeln?

3.2 Agile Benefit-Vision

Wie wichtig ist es Ihnen, Ihrer Fürsorgepflicht als Arbeitgeber aktiv nachzukommen? Wie kommen Sie dieser aktuell nach?

Tipp: Passen Sie Ihre Benefit-Vision an die allgemeine Unternehmensvision an. Zu überlegen ist auch, ob Sie den „Fokus Mensch/Mitarbeiter" generell in Ihre Unternehmensvision aufnehmen wollen.
   Notieren Sie sich hierzu Stichwörter.

Formulieren Sie einen zusammenfassenden Leitsatz zu Ihrer Benefit-Vision.

_____
_____
_____
_____
_____
_____

3.2.2 Personalpolitische Chancen und Ziele

Die Benefit-Vision orientiert sich an Ihren personalpolitischen Zielen. Diese sind im ersten Schritt zu priorisieren und zu fixieren.

Jetzt sind Sie dran
Welche der folgenden personalpolitischen Ziele verfolgen Sie derzeit? Bewerten Sie die einzelnen Ziele mit Punkten von 1–10 (1 = wenig/gering ausgeprägt; 10 = sehr stark/sehr gut ausgeprägt).

Um ein Gesamtbild von der Situation zu erhalten, bitten Sie verschiedene Personen um eine ehrliche (anonyme) Bewertung, beispielsweise Mitarbeiter aus der Personalabteilung, Geschäftsführer, Führungskräfte, Vertreter des Betriebsrats etc.

- Gewinnung von Mitarbeitern
- Stärkung der Mitarbeitermotivation
- Pflege einer attraktiven Arbeitgebermarke, um Personal zu finden
- Gewinnung von Fachkräften
- Auftritt als sozialer Arbeitgeber – auch gegenüber Kunden
- Auftritt als innovativer und kreativer Arbeitgeber mit Alleinstellungsmerkmalen
- gesundheitliches Wohlbefinden der Mitarbeiter
- Minimierung der Fehltage
- Steigerung der Produktivität
- Senkung des Krankenstands
- Halten älterer Mitarbeiter und Know-how-Träger
- Erhöhung der Mitarbeiterbindung bzw. Senkung der Fluktuationsquote
- Wertschätzung der Beschäftigten
- lukrative Finanzierung von Zusatzleistungen
- Minimierung der Verwaltung der Personalzusatzleistungen

3.2 Agile Benefit-Vision

Ergänzen Sie nun weitere Punkte, die Ihnen wichtig sind.

_____
_____
_____
_____
_____
_____
_____
_____
_____
_____
_____
_____

Notieren Sie sich als Ergebnis Ihre wichtigsten personalpolitischen Ziele.

_____
_____
_____
_____
_____
_____
_____
_____
_____
_____
_____
_____
_____

Erstellen Sie zu Ihren personalpolitischen Zielen eine Jahreszielplanung mit Etappenzielen, die Sie monatlich überprüfen? Sind die Ziele klar definiert?

Wenn dies bislang nicht der Fall ist, sollten Sie das dringend nachholen. Gehen Sie hier Schritt für Schritt vor und nehmen Sie sich nicht zu viele Themen auf einmal vor.

Ihr Fairlohnung®-Konzept spiegelt Ihre agile Benefit-Vision wider, in der Ihre Werte und personalpolitischen Ziele Ausdruck finden. Die folgenden acht Erfolgsbausteine (Abschn. 3.3 bis Abschn. 3.10) sollten hierauf abgestimmt sein.

Innovationsimpulse und -fragen

Steve Jobs überraschte seine Zuhörer bei Präsentationen gerne mit dem legendären: „One more thing!" Womit können wir unsere Kunden überraschen? Wie können wir Kunden mehr geben, als sie erwarten, und sie so zu Fans machen?

Kunden und Mitarbeiter sind eigentlich leicht zu begeistern. Das Geheimnis des Erfolgs liegt darin, ihre Erwartungen zu übertreffen. Machen Sie Kunden und Mitarbeiter zu Fans, indem Sie ihnen mehr bieten, als sie erwarten. Dabei kommt es nicht auf den finanziellen Wert des Bonus an. Vielmehr zählen die Geste und der gute Wille. Aufmerksamkeit, Service und Anerkennung überzeugen Menschen mehr als finanzielle Vorteile. So kann Begeisterung für das eigene Unternehmen geschaffen werden – bei Kunden und bei Mitarbeitern!

Auf einen Blick
Notieren Sie hier, was Sie aus diesem Teilkapitel mitnehmen.
    Das ist uns besonders wichtig
___
___
___
___
___
___
___
___
___
___
___

Unsere nächsten Schritte

3.3 Benefit-Auswahlstrategie

Das Ziel besteht darin, Verantwortung für die Gestaltung Ihres persönlichen Fairlohnung®-Konzepts zu übernehmen und die Mitarbeiter möglichst stark emotional anzusprechen – und dabei nachhaltig und wirtschaftlich vorzugehen.

Viele Unternehmer klagen: „Unsere Mitarbeiter schätzen die Leistungen nicht, die wir ihnen bieten. Sie betrachten diese nach kürzester Zeit als Normalität." Das mag (teilweise) stimmen, ist aber letztlich nicht zielführend, denn es ändert nichts an der Situation.

Sie können die Einstellung Ihrer Mitarbeiter kaum direkt beeinflussen. Doch indem Sie Verantwortung übernehmen und versuchen, Ihr Benefit-Konzept möglichst ansprechend und fair zu gestalten, ist ein wichtiger erster Schritt getan. Hier gilt für Arbeitgeber wie für Personalverantwortliche: Behandeln Sie die Mitarbeiter so, wie Sie behandelt werden möchten.

Die Erfahrungen zeigen, dass es (nahezu) unmöglich ist, alle Mitarbeiter immer hundertprozentig glücklich zu machen. Die Unzufriedenheit Einzelner können Sie nicht verantworten. Versuchen Sie aber, mit Ihrem Benefit-Konzept einen möglichst großen Anteil Ihrer Mitarbeiter zu erreichen.

Um das zu schaffen, müssen Sie Zeit in die Auswahl geeigneter Zusatzleistungen sowie vor allem in den strukturellen Aufbau des Konzepts investieren. Sie haben Ihr Ziel erreicht, wenn Sie anschließend mit Überzeugung sagen können: „Wir haben unser Bestes gegeben, um das Konzept möglichst fair, emotional ansprechend und gut zu gestalten."

Greifen Sie bei der Auswahl der Benefits auf Ihre Bestandsanalyse (Abschn. 3.1) sowie Ihre agile Benefit-Vision (Abschn. 3.2) zurück. Nutzen Sie hierbei Ihre Erfahrungen sowie die Werte und personalpolitischen Ziele als Entscheidungsgrundlage.

Bereits die Luxemburger Deklaration zur Betrieblichen Gesundheitsförderung, die 1997 verabschiedet wurde, erklärte die Bedeutung der aktiven Mitarbeiterbeteiligung. BGF umfasst alle (Einzel-)Maßnahmen zur Verbesserung von Gesundheit und Wohlbefinden am Arbeitsplatz.

Gruppenbildungen und Branchenspezifikation
Welche Leistungen angeboten werden (sollten), hängt in hohem Maße von der Branche und den jeweiligen Aufgaben der Beschäftigten ab. Das sollten Sie in jedem Fall bei der Auswahl der Benefits, aber auch bei der Ansprache der Mitarbeiter im Hinterkopf behalten.

Branchen-, betriebs- und aufgabenspezifische Faktoren sind beispielsweise:

- geringe Gehaltsstruktur
- hohe Fluktuationsquote
- Monotonie in der Arbeit
- hohe Fehlzeiten
- fehlender Nachfolger im Betrieb
- viele junge Beschäftigte mit hoher Verletzungsgefahr
- starke körperliche Belastung (Gefahr der Muskel- und Skeletterkrankungen)
- hohe psychische Belastung
- Fachkräftemangel
- belastetes Branchenimage

Ergänzend hierzu können Sie weitere Faktoren in die Gestaltung einbeziehen. Analysieren Sie die Altersstruktur, Betriebszugehörigkeitsdauer, Hierarchien (Führungskräftestrukturen), die Aufteilung zwischen kaufmännischen Angestellten und der Produktion sowie beispielsweise die Aufteilung in Vollzeit-, Teilzeitangestellte, geringfügig Beschäftigte und Auszubildende.

In Abschn. 3.4 finden Sie weitere Hinweise dazu, mit welchen Kommunikationsmitteln die Mitarbeiter am besten erreicht werden.

Jetzt sind Sie dran
Beantworten Sie die folgenden Fragen in Ruhe und möglichst ausführlich.
Welchen besonderen Herausforderungen ist Ihre Branche ausgesetzt?

3.3 Benefit-Auswahlstrategie

Mit welcher Konkurrenz müssen Sie sich messen, und was bieten Wettbewerber? Was können Sie davon übernehmen? Welche Leistungen können Sie bieten, die ein Konkurrent nicht bietet?

Über welche Kommunikationsmittel erreichen Sie Ihre Mitarbeiter am besten?

Welchen gesundheitlichen Herausforderungen beschäftigen Ihre Mitarbeiter?

Können Sie durch eine persönliche oder digitalisierte Mitarbeiterbefragung wichtige Informationen dazu erhalten?

Welche Mitarbeiter-Benefits gehen am besten auf die branchenspezifischen Herausforderungen ein?

3.3 Benefit-Auswahlstrategie

Ist Ihre agile Benefit-Vision an die branchenspezifischen Herausforderungen angepasst, und können Sie hierdurch personalpolitische Chancen nutzen?

_____
_____
_____
_____
_____

Welche Gruppen können Sie innerhalb der Firma bilden, um die Mitarbeiterbindung zu erhöhen (z. B. Steigerung der Leistungen bei längerer Betriebszugehörigkeit)?

_____
_____
_____
_____
_____

Können Ihnen besondere Leistungen für Führungskräfte einen Wettbewerbsvorteil verschaffen?

_____
_____
_____
_____
_____
_____

Sind die Bedürfnisse der einzelnen Beschäftigtengruppen vergleichbar, oder ist es ratsam, die Leistungen und die Ansprache unterschiedlich zu gestalten?

_____
_____
_____

Wie erreichen Sie verschiedene Generationen, Persönlichkeiten und Schichten innerhalb der Firma am besten?

3.3.1 Mitarbeitermitbestimmung

Überlegen Sie, ob alle Leistungen allen zur Verfügung stehen sollten. Möchten Sie ausschließlich hundertprozentig arbeitgeberfinanzierte Benefits anbieten? Oder soll es Leistungen geben, die individuell angeboten werden?

Weiterhin sollten Sie sich Gedanken darüber machen, ob die Mitarbeiter an der Auswahl der Benefits beteiligt sein sollen oder ob diese Entscheidung der Geschäftsführung vorbehalten bleibt. Die Mitarbeiter sind Ihre Zielgruppe, die Sie emotional erreichen wollen. Je nach Unternehmensgröße und -struktur ist eine Einbeziehung der Mitarbeiter zu empfehlen. Es ist auch denkbar, nur einen bestimmten Personenkreis und/oder ein Führungsteam in der Entscheidungsprozess zu involvieren.

Wichtig: Wenn Sie sich dafür entscheiden, die Beschäftigten einzubeziehen, müssen die Beteiligten über alle notwendigen Informationen verfügen. Schaffen Sie eine transparente Informationsgrundlage, auf der die Mitarbeiter auch wirklich qualitativ hochwertig entscheiden können.

Wenn Sie Ihre Mitarbeiter einbeziehen, sollten Sie einen klar formulierten Fragenkatalog aufstellen und in verschiedenen Bereichen die Resonanzen einsammeln.

> **Ein Beispiel**
> **Aspekt 1: Maßnahmen zur Gesundheitsförderung**
> Bewertung des Ist-Zustands auf einer Skala von 1–10 (1 = schlecht; 10 = sehr gut): _____
>
> _____
>
> Persönliche Bedeutung des Aspekts auf einer Skala von 1–10 (1 = gar nicht wichtig; 10 = sehr wichtig)
>
> _____
>
> _____
>
> Verbesserungsvorschläge
>
> _____
> _____
> _____
> _____
> _____
> _____
>
> ...

3.3.2 Bestehende Leistungen

Vergleichen Sie bestehende Benefits mit den Möglichkeiten, die der Markt bietet. Sollten Sie zu der Entscheidung kommen, dass alternative Anbieter oder Leistungen besser zu Ihrem Unternehmen passen, können diese ausgetauscht werden.

Betrachten Sie dabei jedoch auch zwingend alle damit verbundenen Nachteile und überlegen Sie, für welche Personengruppen dies eine Verschlechterung bedeuten könnte – beispielsweise für Mitarbeiter, die von den aktuellen Leistungen profitieren oder sie gerne und regelmäßig in Anspruch nehmen.

Es ist ebenfalls denkbar, in einem ersten Schritt die Gestaltung der bestehenden Benefits zu optimieren. Mehr hierzu finden Sie in Abschn. 3.4 und Abschn. 3.5.

3.3.3 Vergleichsfaktoren der Personalzusatzleistungen (Mitarbeiter-Benefits)

Bei einer Gehaltserhöhung bleibt vom Brutto nur ein geringer Nettoanteil übrig. Eine Gehaltsanpassung wird darüber hinaus schnell vergessen. Eine Optimierung aus steuerlicher Sicht alleine reicht ebenfalls nicht aus, um eine nachhaltige Wirkung zu erreichen.

Folgende Fragen können Ihnen bei der Auswahl der Benefits helfen:

- Wie flexibel ist die Leistungsabrufung?
- Wie hoch ist die „Nettokaufkraft", die bei den Mitarbeitern ankommt?
- In welchen Bereichen werden die Leistungen abgerufen?
- Spiegeln die Leistungen Ihre agile Benefit-Vision wider?
- Inwiefern grenzen Sie sich mit den Leistungen von der Konkurrenz ab und bieten Alleinstellungsmerkmale?
- Wie emotional nehmen Ihre Mitarbeiter die Leistungen wahr? Wie schnell verpufft diese Wirkung? Inwiefern lassen sich die emotionalen Erlebnisse wiederholen, zum Beispiel durch folgende Faktoren: verschiedene Leistungsbereiche, unterschiedliche Nutzen, individuelle Einsetzbarkeit, diverse Leistungshöhen?
- Erreichen Sie mit den Leistungen einen möglichst hohen Anteil Ihrer Belegschaft (jung – alt, gesund – krank, männlich – weiblich – divers, niedriges – hohes Lohnniveau)?
- Sind die Leistungen einfach abrufbar und verständlich für alle Mitarbeiter?
- Haben die Mitarbeiter eine Wahlfreiheit in der Abrufung?

3.3.4 Wahl der Dienstleister

Nicht nur die Wahl der Benefits ist wichtig, sondern vor allem auch die Wahl der Dienstleister im Hintergrund. Stellen Sie sich dazu beispielsweise die folgenden Fragen:

- Welche Anbieter gibt es auf dem Markt? Wie lassen sie sich vergleichen?
- Wie hoch ist der Verwaltungsaufwand?
- Handelt es sich bei dem Anbieter um einen Spezialisten für sein Fachgebiet?
- Kann er Ihnen einen Marktvergleich bieten?

Tauschen Sie sich unbedingt mit anderen aus und profitieren Sie von den Erfahrungen anderer Unternehmer: Welche Erfahrungen haben andere mit verschiedenen Anbietern der von Ihnen präferierten Dienstleistung gemacht? Bei der Auswahl geeigneter Dienstleister sind oft Faktoren besonders wichtig, die man im Vorhinein gar nicht kennt. Neben einem persönlichen Austausch kann auch eine ausgiebige Internetrecherche dabei helfen, die Wahl zu erleichtern. Gerade weil der Benefit-Markt noch jung ist, lohnt es sich, frühzeitig Informationen zu sammeln.

3.3.5 Budgetplanung und Wirtschaftlichkeit

Wie hoch soll die durchschnittliche monatliche Belastung pro Mitarbeiter und Jahr sein? Als Orientierung kann hierbei die Jahreslohn- und Gehaltssumme dienen, an der Sie sich anteilig orientieren können.

Führen Sie darüber hinaus für jeden Benefit eine Kosten-Nutzen-Analyse durch. Vergessen Sie hierbei nicht die weichen Nutzenfaktoren „Minimierung der Fluktuationskosten", „Minimierung der Fehltage", „Steigerung der Produktivität", „Arbeitgeberattraktivität", „Recruiting-Kosten" und Ähnliches.

Je nach Leistungsbereich können Sie entscheiden, inwiefern die Leistungen arbeitgeberfinanziert sein sollten, ob dem Mitarbeiter über die Firma Sonderkonditionen eingeräumt werden oder ob eine Mischfinanzierung angeboten werden soll. Welche Möglichkeiten sich bei der Nutzung von Förderungen und Subventionierungen ergeben, können Sie in Abschn. 3.10 nachlesen.

3.3.6 Bonifikationsmöglichkeiten

Die Bonifikationsbereiche sind vielfältig. Erfahrungsgemäß ist es wichtig, viele verschiedene Benefits anzubieten, sodass jeder Mitarbeiter die Leistungen abrufen kann, die ihn individuell ansprechen, ihm weiterhelfen und ihn motivieren. Abb. 3.2 zeigt einen Ausschnitt von Leistungen, die der Markt bietet.

Führen Sie Benefits in Ihrem Unternehmen Schritt für Schritt ein. So vermeiden Sie eine Reizüberflutung bei den Mitarbeitern, außerdem rückt jede einzelne Leistung dadurch stärker in den Fokus der Aufmerksamkeit. Bleiben Sie stets offen für neue Leistungen. Der Markt bietet hier ständig Innovationen und ist stark im Wandel.

Fort- und Weiterbildung

Berufliche Perspektiven zu haben gehört für viele Mitarbeiter mit zu den wichtigsten Motivationsfaktoren. Deshalb sollten Sie im Bereich Qualifikation in jedem Fall Benefits bereithalten. Bieten Sie individuelle Schulungen und Seminare an und ermöglichen Sie Ihren Mitarbeitern, sich persönlich sowie fachlich fort- und weiterzubilden. Auch E-Learning- und Sprachkurse eignen sich sehr gut zur Weiterqualifizierung. Hier bietet die Digitalisierung viele Möglichkeiten jenseits von Präsenzseminaren. Stellen Sie sicher, dass keine Unklarheiten darüber bestehen, was Ihre Talente brauchen, um den nächsten Schritt zu gehen.

Schulen Sie darüber hinaus speziell Ihre Führungskräfte. Ein moderner Führungsstil bildet die Grundlage, um auch Themen wie Wertekultur, die Kommunikation im Unternehmen oder zwischenmenschliche Beziehungen weiterzuentwickeln.

46   3   Die zehn Erfolgsbausteine Ihres persönlichen Fairlohnung®-Konzepts

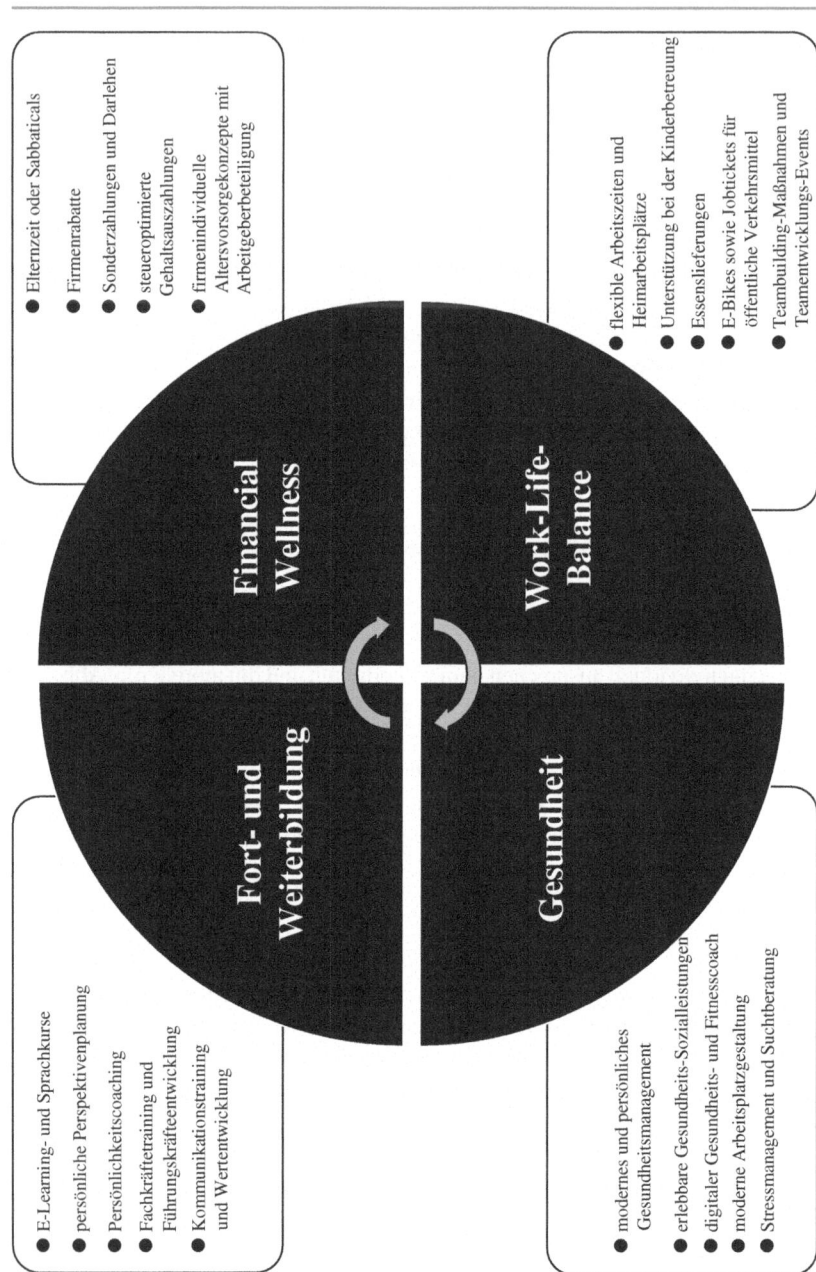

Abb. 3.2   Bonifikationsmöglichkeiten

3.3 Benefit-Auswahlstrategie

Gesundheit

Eine Ihrer größten personalpolitischen Chancen, die Sie sich nicht entgehen lassen sollten, ist die Förderung eines gesunden Lebensstils sowie der Konzentrations- und Leistungsfähigkeit Ihrer Mitarbeiter – und die Schaffung besonderer Wohlfühlfaktoren. Ein Mitarbeiter, der morgens gerne zur Arbeit geht und nicht nur wartet, bis es Freitag wird, ist leistungsfähiger, verbreitet gute Stimmung und hat einen immensen Wert für Ihr Unternehmen.

Nichts gegen Bonuszahlungen, Gehaltserhöhungen oder den Dienstwagen: Was am Ende jedoch wirklich zählt, ist die Gesundheit Ihrer Mitarbeiter. Als Arbeitgeber können Sie mehr dazu beitragen, als Sie vielleicht denken. Sie ermöglichen Ihren Mitarbeitern eine höhere Lebensqualität – und das ist unbezahlbar.

Optimalerweise senken Sie hierbei nicht nur Kosten durch eine Minderung der Fehltage, sondern erhöhen auch noch die Produktivität jedes einzelnen Mitarbeiters und somit die Leistungsfähigkeit Ihres Unternehmens. Doch es reicht nicht aus, Ihre Mitarbeiter mit frischem Obst zu versorgen.

Ganz wichtig: Welche Maßnahmen zur Gesundheitsförderung werden vom einzelnen Mitarbeiter angenommen und wahrgenommen? Ein modernes Gesundheitskonzept ist vielfältig aufgestellt und erreicht einen möglichst großen Teil der Belegschaft – nicht nur die, die ohnehin viermal die Woche Sport treiben. Es geht nicht darum, einzelne Gesundheitsmaßnahmen im Betrieb zu implementieren; achten Sie stattdessen darauf, ein nachhaltiges Konzept in der Firma einzuführen und zu pflegen. Die große Kunst liegt darin, über verschiedene Maßnahmen verschiedene Anreize zu schaffen, sodass Ihre Mitarbeiter immer wieder aufs Neue motiviert werden.

Prävention

Fördern Sie aktiv die Gesundheit Ihrer Mitarbeiter und regen Sie diese an, sich mit gesundheitsrelevanten Themen auseinanderzusetzen, zum Beispiel Ernährung, Entspannung, Bewegung und Stressmanagement.

Moderne Betriebe bieten ihren Mitarbeitern mobile Präventionsmaßnahmen direkt in der Firma – zum Beispiel Massagen, Yogakurse, Schlafcoaching, Mediationskurse, Burn-out-Prophylaxe oder Trainingseinheiten vor Ort. Sie ergänzen dieses Angebot durch Trainingsmöglichkeiten in Fitnessstudios und einen digitalen Gesundheitscoach. Somit verbinden sie die persönliche Betreuung mit einer permanenten Sensibilisierung für das Thema. Beispielsweise bieten einzelne Unternehmen einen digitalen Gesundheitscoach mit Live-Chat-Funktionen per App und persönlichen Trainingsplänen.

Challenges und Anreizsysteme

Doch die besten Gesundheits-Benefits helfen nichts, wenn sie nur kurzzeitig in Anspruch genommen werden. Die große Kunst besteht darin, die Belegschaft einerseits in der breiten Masse und mit verschiedenen Angeboten anzusprechen, andererseits aber auch dafür zu sorgen, dass die Leistungen langfristig genutzt werden. Menschen werden nach einer anfänglichen Euphorie oft schnell träge. Dem ist mit verschiedenen Maßnahmen, einem nachhaltigen, umfangreichen Konzept und vor allem mit der direkten Einbeziehung der Mitarbeiter entgegenzuwirken. Nachhaltigkeit lautet das Schlüsselwort.

Beispielsweise können Gesundheitstage, besondere Firmenevents, ein gemeinsamer Firmenlauf, Schritt-Challenges, Firmenfahrräder, Wettbewerbe oder sogar finanzielle Belohnungen durch gesetzliche Förderungen einen besonderen Anreiz für langfristige Gesundheitsprävention schaffen.

Weitere Ideen zu Gesundheitsmaßnahmen

- Massagestühle
- psychologische Beratung
- Suchtprävention und Suchberatung (z. B. Förderung des Nichtrauchens)
- moderne Arbeitsplatzgestaltung
- Steharbeitsplatz und ergonomisches Arbeiten
- Burn-out-Rederunde
- Pflegeunterstützung auch für die Familien
- bevorzugte Terminvergabe bei Fachärzten
- Obstkorb (im Büro und zu Hause)

Tipp: Bieten Sie verschiedene Gesundheitsmaßnahmen an, sodass für jeden etwas dabei ist. Setzen Sie dabei auf ein persönliches Gesundheitsmanagement – am besten mit externen Experten –, und ergänzen Sie es durch digitale Angebote (z. B. eine moderne Gesundheits- und Fitness-App) sowie Sozialleistungen. Beziehen Sie hierbei auch die Familienangehörigen der Mitarbeiter ein und schaffen Sie dadurch eine besondere Bindung.

Fungieren Sie als Gesundheitsdienstleister für Ihre Mitarbeiter. Ermöglichen Sie ihnen beispielsweise auch besondere Gesundheitsleistungen, indem Sie etwa die Kosten für medizinische Vorsorgeuntersuchungen, Massagen, Heilpraktikerleistungen, Physiotherapie, Zahnbehandlungen, Krankenhausaufenthalte oder Sehhilfen übernehmen oder sie bezuschussen. Hierbei ist es besonders wichtig, Lösungen zu finden, die alle Mitarbeiter ihren Bedürfnissen entsprechend einset-

3.3 Benefit-Auswahlstrategie

zen können. Denn nur so haben die Leistungen bei der Belegschaft eine emotionale Wirkung und erzeugen eine Bindung ans Unternehmen.

▶ Die Gesundheitsmaßnahmen müssen keineswegs zur Kostenfalle für Ihr Unternehmen werden, Sie können – ganz im Gegenteil – von umfangreichen Fördermaßnahmen profitieren. Mehr dazu erfahren Sie in Abschn. 3.10.

Vor allem solche Gesundheitsdienstleistungen sind effektiv, die emotional ansprechen und regelmäßig genutzt werden können. Denkbar sind etwa Firmenläufe oder Challenges. Das Besondere an derartigen Benefits: Sie wirken sich nicht nur positiv auf die Gesundheit aus, sondern sie heben auch nachweislich die Stimmung und sorgen für ein Wirgefühl. Sport kann Menschen besonders verbinden.

Nutzen Sie den folgenden Fragenkatalog, um Ihre aktuelle Situation zu erfassen und Verbesserungspotenzial auszumachen:

- Haben Sie aktuell ein betriebliches Gesundheitsmanagement?
- Wird kontrolliert oder gemessen, inwiefern Sie damit Ihre Mitarbeiter erreichen?
- Gestalten Sie ständig neue Anreize rund um die Gesundheitsdienstleistungen?
- Nutzen Sie einen Mix aus persönlichen Gesundheitsmaßnahmen, einer digitalen Unterstützung sowie spürbaren Sozialleistungen?
- Ist der Arbeitsschutz im Unternehmen klar geregelt, und kann dies nachgewiesen werden?
- Werden im Unternehmen regelmäßig Analysen zur Arbeitsbelastung der Mitarbeiter auf Basis der DGUV Vorschrift 2 (Gefährdungsanalyse) durchgeführt und dokumentiert?
- Werden im Unternehmen regelmäßig Analysen zur psychischen Gefährdung/Belastung der Mitarbeiter durchgeführt und dokumentiert?
- Erreichen Sie mit Ihren Maßnahmen einen möglichst großen Anteil der Mitarbeiter?
- Bieten Sie möglichst viele verschiedene Leistungen?
- Wie individuell ist Ihr Gesundheitskonzept in den Leistungen?
- Passt die Kommunikation des Gesundheitskonzepts zu den Bedürfnissen der Mitarbeiter?
- Nutzen Sie gesetzliche Förderungen, um Ihre Gesundheitsmaßnahmen zu finanzieren?
- Kennt jeder Mitarbeiter alle Leistungen, die ihm ermöglicht werden?

- Bietet das Unternehmen verschiedene Präventionsmaßnahmen pro Jahr zu den Themen Ernährung, Entspannung, Bewegung und medizinische Vorsorge an?
- Bietet das Unternehmen sonstige innovative Präventionsmaßnahmen an?
- Wie aktiv werden Gesundheitsmaßnahmen kommuniziert (Abschn. 3.4), und wie stark werden die Beschäftigten für das Thema Gesundheit sensibilisiert?
- Beziehen Sie Ihre Mitarbeiter aktiv in die Gestaltung des Gesundheitskonzepts mit ein?
- Haben Sie ein besonderes Konzept mit einer individuellen Ansprache für die „Gesundheits-Muffel"?
- Nutzen Sie Unternehmens-Challenges oder auch einen Firmenlauf, um das Wir-gefühl zu stärken?

Planen Sie gleich jetzt Ihre nächsten Schritte, ermitteln Sie Ihren Ist-Zustand und suchen Sie sich geeignete Spezialisten für eine optimale Umsetzung, eine lukrative und subventionierte Finanzierung und für die nachhaltige Gestaltung.

Verlieren Sie hierbei den Nachhaltigkeitsaspekt nicht aus den Augen. Prüfen Sie über ein entsprechendes Controlling, wie die einzelnen Maßnahmen angenommen werden (Abschn. 3.8). Bleiben Sie flexibel und passen Sie Ihre Gesundheits-Benefits an die Bedürfnisse Ihrer Mitarbeiter an.

Arbeitsschutz ist Pflicht

Jedes Unternehmen ist gesetzlich zur Einhaltung des Arbeitsschutzes verpflichtet. Der Arbeitsschutz kann heutzutage als wesentlicher Prozess eines Unternehmens angesehen werden. Dieser Prozess muss gesondert ablaufen und dokumentiert werden. Seit 2011 gilt die Unfallverhütungsvorschrift „Betriebsärzte und Fachkräfte für Arbeitssicherheit" (DGUV Vorschrift 2). Sie beschreibt die von den Unternehmen geforderten Arbeitsschutzvoraussetzungen. Sie kann kostenfrei als PDF-Dokument unter https://www.dguv.de/de/praevention/vorschriften_regeln/dguv-vorschrift_2 heruntergeladen werden.

Bitte lesen Sie sich die DGUV Vorschrift 2 als Grundlage für Ihr Unternehmen einmal genau durch.

▶ Für die Umsetzung und Einhaltung des Arbeitsschutzes ist die Unternehmensleitung verantwortlich. Arbeitsschutz ist eine Holschuld – das heißt, die Geschäftsleitung ist aufgefordert, die gesetzlichen Anforderungen und die jeweiligen Änderungen zu kennen, diese einzuhalten und zu überwachen!

3.3 Benefit-Auswahlstrategie

Gefährdungsbeurteilung psychischer Belastungen
Die Gefährdungsbeurteilung psychischer Belastungen bei der Arbeit ist seit September 2013 im Arbeitsschutzgesetz (ArbSchG) festgeschrieben. Sie ist damit ebenfalls Pflicht des Arbeitgebers. Auch Kleinbetriebe (bis maximal zehn Beschäftigte) müssen seither das Ergebnis der Gefährdungsbeurteilung, die vom Arbeitgeber festgelegten Maßnahmen des Arbeitsschutzes und das Ergebnis der Überprüfung dokumentieren. Sie waren zuvor von der Dokumentationspflicht ausgenommen.

Wenn es erforderlich ist, müssen die Unternehmen geeignete Maßnahmen entwickeln, umsetzen und auf ihre Wirksamkeit überprüfen. Für ein betriebliches Gesundheitsmanagementsystem und die Personalführung sind die Ergebnisse der (psychischen) Gefährdungsbeurteilung als wahrer Schatz zu betrachten, da hierbei erforderliche Maßnahmen für betriebliches Gesundheitsmanagement (BGM) und betriebliche Gesundheitsförderung (BGF) offenbar werden. In der Regel lassen sich nicht alle Belastungen ad hoc beseitigen, daher ist eine Priorisierung sinnvoll, in welchen Schritten (inhaltlich wie zeitlich) welche BGM-/BGF-Maßnahmen mit welchem konkreten Ziel ein- und durchgeführt werden.

Werden diese Basisanforderungen nicht erfüllt, spricht dies für

- schlechtes Management,
- geringe Wertschätzung der Mitarbeiter und
- hohe Haftungsrisiken.

Jetzt sind Sie dran
Wie sieht Ihr Gesundheitskonzept derzeit aus?

Welche Verbesserungspotenziale haben Sie beim Lesen des Fragenkatalogs für Ihr Unternehmen entdeckt? Welche Ideen sind Ihnen gekommen? Wie könnten die nächsten Schritte aussehen?

3.3 Benefit-Auswahlstrategie

Welche Förderungen rufen Sie bereits ab? Kennen Sie Spezialisten, die Sie in diesem Bereich unterstützen können? Wo finden Sie weitere Informationen?

Firmen, die ein modernes Gesundheitskonzept installiert haben und ständig daran arbeiten, profitieren gleich mehrfach: Sie stärken ihre Arbeitgebermarke, fördern die Gesundheit und Zufriedenheit der Belegschaft und sparen durch geringere Fehlzeiten auch noch Geld.

Financial Wellness

Geldsorgen können sich negativ auf das Arbeits- und Privatleben auswirken. Neben der körperlich-seelischen Wellness gilt es daher auch, den finanziellen Stress Ihrer Mitarbeiter zu verringern. Sie können hier als Arbeitgeber in verschiedenen Funktionen unterstützen, zum Beispiel folgendermaßen:

- informieren und aufklären
- firmenindividuelle Altersvorsorgekonzepte anbieten
- Elternzeit oder Sabbaticals ermöglichen
- Versicherungen mit einer exklusiven Beratung und Sonderkonditionen anbieten
- Lohn im Krankheitsfall fortzahlen
- Mitarbeiter durch finanzielle Anreize motivieren
- Firmenrabatte einräumen (Sonderkonditionen bei verschieden Anbietern – online und lokal)
- Sonderzahlungen und Darlehen gewähren
- Firmenwohnungen und Firmenwagen anbieten
- steueroptimierte Gehaltsauszahlungen ermöglichen: Geschenke, Gutscheine, Sachbezüge etc.

3.3 Benefit-Auswahlstrategie

- Bonuszahlungen nach Fehltagen und Prämien für Unternehmenstreue zahlen
- Mitarbeiter-wirbt-Mitarbeiter-Programme einführen

Ein Financial-Wellness-Programm muss individuell gestaltet sein. Das Prinzip Gießkanne hilft hier nicht; die einzelnen Leistungen sollten besser möglichst gezielt eingesetzt werden. Achten Sie hierbei auf mögliche Einwendungen der Arbeitnehmer und auf die Akzeptanz der einzelnen Maßnahmen. Die persönliche Ansprache kann somit auch bei – eher rationalen – finanziellen Themen besondere Emotionen wecken.

Stellen Sie sich die folgenden Fragen, um die Situation in Ihrem Unternehmen genauer zu beleuchten:

- Nutzen Sie steuerliche Optimierungen, um interessante Gehaltsbausteine zu schaffen?
- Sind diese individuell an jeden einzelnen Mitarbeiter angepasst?
- Ist Ihnen bewusst, dass nicht jeder Steuerberater Sie auf diese Themen hinweist?
- Haben Sie bei den steueroptimierten Gehaltsbausteinen einen Marktvergleich der Anbieter gemacht und deren Leistungen, den Verwaltungsaufwand sowie die Flexibilität verglichen?
- Nutzen Sie doppelte Spesen bei Auswärtstätigkeiten oder auch den Firmenwagen, um einen besonderen Anreiz für Ihren Außendienst zu schaffen?
- Haben Sie gemeinsam mit einem Spezialisten für betriebliche Altersvorsorge ein Konzept für Ihre Firma geschaffen, das es Ihren Mitarbeitern anhand einer Arbeitgeberbeteiligung und Gruppenkonditionen ermöglicht, die Versorgungslücke zu schließen?
- Bieten Sie weitere Versicherungslösungen zu Risikovorsorge, Arbeitskraftabsicherung und anderen Themen, über die umfangreich aufgeklärt wird?
- Gibt es Sonderkonzepte auch für Familienangehörige der Beschäftigten?
- Offerieren Sie Personalrabatte für Produkte und Dienstleistungen, die Sie als Firma nicht einmal Geld kosten?

Jetzt sind Sie dran
Wie sieht Ihr Financial-Wellness-Konzept derzeit aus?

_____
_____
_____
_____

Welche Verbesserungspotenziale haben Sie beim Lesen des Fragenkatalogs für Ihr Unternehmen entdeckt? Welche Ideen sind Ihnen gekommen?

3.3 Benefit-Auswahlstrategie

Work-Life-Balance

Nehmen Sie Ihre Mitarbeiter ernst und regen Sie eine gesunde Work-Life-Balance an. In der heutigen Zeit verschmelzen Arbeits- und Freizeit immer mehr. Hier können Arbeitgeber eine wichtige Rolle übernehmen, indem sie die Stressreduktion unterstützten und zur höheren Lebensqualität der Beschäftigten beitragen.

Vorab ist jedoch festzuhalten: Die perfekte Balance zwischen Berufs- und Privatleben ist von Mensch zu Mensch verschieden.

Bieten Sie besondere Leistungen und diverse Möglichkeiten für eine gesunde Work-Life-Balance:

- flexible Arbeitszeiten und Heimarbeitsplätze
- Unterstützung bei der Kinderbetreuung
- Reinigungsservice
- Friseur und Haushaltshilfen
- Essenslieferungen
- Rechtsberatung
- E-Bikes
- Jobtickets für öffentliche Verkehrsmittel
- Teambuilding-Maßnahmen und Teamentwicklungs-Events
- besondere Betriebsfeiern
- After-Office-Partys

Beantworten Sie für sich die folgenden Fragestellungen:

- Schaffen Sie Anreize für die Benutzung des öffentlichen Nahverkehrs sowie der E-Mobilitätslösungen, indem Sie steuerfreie Jobtickets oder ein E-Bike-Leasing anbieten?
- In welchen Bereichen können Sie lokale Unternehmen ohne Mehrkosten für weitere Serviceleistungen einbeziehen (z. B. den Friseur vor Ort oder einen besonderen Reinigungsservice)?
- Wie familienfreundlich agieren Sie?
- Bieten Sie beispielsweise flexible Arbeitszeiten und eine Unterstützung bei der Kinderbetreuung?

Jetzt sind Sie dran
Welche Maßnahmen zur Förderung der Work-Life-Balance bieten Sie derzeit an?

3.3 Benefit-Auswahlstrategie

Welche Verbesserungspotenziale haben Sie beim Lesen des Fragenkatalogs für Ihr Unternehmen entdeckt? Welche Ideen sind Ihnen gekommen?

Innovationsimpulse und -fragen
Was würde Greenpeace an unserer Stelle tun? Was würde sich in puncto Nachhaltigkeit, Umwelt, Verpackung, Marketing, Botschaft, Ressourcen etc. verändern? Nachhaltigkeit und Umweltbewusstsein sind längst keine Randthemen für „Ökospinner" mehr. Kunden und Mitarbeiter reagieren zunehmend sensibel auf Missachtung von Nachhaltigkeitsprinzipien und rücksichtslose Zerstörung der Umwelt. Vor allem junge Menschen verurteilen das Versagen von Politik und Wirtschaft bei der Erreichung der selbst gesteckten Ziele. Bieten Sie Ihren Kunden nachhaltige Produkte? Bieten Sie Ihren Mitarbeitern einen Arbeitsplatz in einem Unternehmen, das die Probleme der kommenden Generationen ernst nimmt und angeht?

3.3.7 Exkurs: rechts- und haftungssichere Umsetzung (Arbeits-, Steuer- und Sozialrecht)

Arbeitsrechtliche Ansprüche
Aufgrund der zunehmenden Anspruchsmentalität in Bezug auf Rechtsverstöße ist bei der Gestaltung der Benefits besondere Vorsicht geboten, vor allem bei kostensenkenden Lohnbausteinen. Wird ein Teil des Lohns steueroptimiert ausgezahlt, hat dies zur Folge, dass geringere Beiträge in die Sozialversicherung eingezahlt werden. Dadurch können geringere Ansprüche des Arbeitnehmers an die jeweilige Sozialversicherungskasse entstehen. Auf die entstehenden Lücken gilt es hinzuweisen und diese optimalerweise auszugleichen.

Hundertprozentig arbeitgeberfinanzierte Leistungen – etwa in Form einer Lohnerhöhung oder einer anderen Leistung, die keine mindernde Auswirkung auf das Gehaltsgefüge hat – wirken häufig effektiver, sie sollten jedoch ebenfalls an rechtliche Grundlagen angepasst sein. Bei einer Gruppenbildung innerhalb der Firma ist das Allgemeine Gleichbehandlungsgesetz (AGG) zu beachten, sodass kein Mitarbeiter unrechtmäßig benachteiligt wird.

Gerade in Zeiten des Fachkräftemangels versuchen viele Unternehmen, sich durch besondere Leistungen als Arbeitgeber vom Markt abzuheben; dabei setzen sie häufig auf übertarifliche Zahlung sowie finanzielle Benefits. Inwiefern die Benefits Auswirkungen auf den Arbeitsvertrag, die Betriebsvereinbarung oder gegebenenfalls auch auf einen Tarifvertrag haben, ist individuell zu beachten. In allen steuerlichen Fragen ist es ratsam, direkt einen Steuerberater hinzuzuziehen. Um rechtlichen Konflikten aus dem Weg zu gehen, sollte im Zweifelsfall immer ein Anwalt konsultiert werden. Denn wenn beispielsweise ein Arbeitgeber einem Beschäftigten kündigt, kann es passieren, dass dieser quasi nach Anspruchsrech-

3.3 Benefit-Auswahlstrategie

ten sucht, um sie mit anwaltlicher Hilfe einzuklagen. Kosten und Zeit für einen Prozess ersparen Sie sich, wenn Ihre Benefit-Konzepte – ebenso wie Ihre Mitarbeiterverträge – rechtssicher gestaltet sind.

Jetzt sind Sie dran
Haben Sie beim Lesen dieses Exkurses noch Handlungsbedarf in Ihrem Unternehmen entdeckt? Möchten Sie im Zweifelsfall einen Steuerberater oder Anwalt bei der Gestaltung Ihres Benefit-Konzepts hinzuziehen?

_____
_____
_____
_____
_____

Versorgungsordnung (betriebliche Altersversorgung und Krankenversicherung)
In vielen Fällen bietet es sich an, eine Versorgungsordnung im Unternehmen einzuführen. Die Versorgungsordnung wird beispielsweise über einen spezialisierten Anwalt formuliert, bestehende Versorgungsregelungen im Unternehmen werden berücksichtigt und der Anwalt spricht für Ihre Sicherheit eine Haftungsübernahme aus.

Auf einen Blick
Notieren Sie hier, was Sie aus diesem Teilkapitel mitnehmen.
  Das ist uns besonders wichtig
_____
_____
_____
_____
_____
_____
_____

Unsere nächsten Schritte

3.4 Digitaler und haptischer Kommunikationsmix

Die besten Benefits bedeuten nicht viel, wenn sie niemand kennt. Deshalb ist es unbedingt notwendig, die Belegschaft regelmäßig über die unternehmerischen Zusatzleistungen zu informieren. Jeder Mensch nimmt Informationen auf eine andere Weise wahr. Umso wichtiger ist es, den Kunden – also in diesem Fall die Mitarbeiter – auf mehreren Ebenen und in unterschiedlichen Arten anzusprechen. Um nachhaltige, emotional spürbare und immer wieder erlebbare Mehrwerte zu schaffen, sollten Sie deshalb digitale und analoge (haptische) Kommunikationsformen kombinieren.

▶ Ihr persönliches Fairlohnung®-Konzept soll die Beschäftigten begeistern. Visualisieren Sie alle Leistungen, die Sie Ihren Mitarbeitern bieten. Auf diese Weise wird ihnen deutlich, was sie Ihnen wert sind.

3.4 Digitaler und haptischer Kommunikationsmix

Unternehmenskommunikation und Benefit-Kommunikation verbinden und optimieren

Ihr Benefit-Konzept sollte in Ihrem Corporate Design gestaltet sein und Ihrer Corporate Identity entsprechen. Die Leistungen sind so zu gestalten, dass kein Mitarbeiter einen Grund hat, sich nach externen Möglichkeiten umzuschauen. Ihre Angestellten sollten sich mit dem Unternehmen identifizieren und stolz darauf sein, welche Leistungen ihr Arbeitgeber ihnen bietet.

Schwarze Bretter sind heute nicht mehr State of the Art, wenn es um die interne Kommunikation mit Mitarbeitern geht. Dank leistungsfähiger Smartphones, Tablets und Notebooks mit WLAN und Mobilfunkanbindung sind Beschäftigte heute mobiler denn je. Der digitale Arbeitsplatz als zentralisierte, vernetzte und überall verfügbare Arbeitsumgebung macht es heutzutage möglich, die Mitarbeiter problemlos zu integrieren.

Das bietet auch für die Benefit-Kommunikation einige Vorteile: Nutzen Sie etwa innovative Mitarbeiter-Apps sowie mobile Intranetseiten, um die Benefit-Kommunikation mit der generellen Unternehmenskommunikation zu verbinden.

Digital gestützte Unternehmenskommunikation – ein Beispiel

Ein Anbieter, der den Markt in diesem Bereich prägt, ist valido. Das Unternehmen bietet ein mobiles arbeitsplatzunabhängiges System mit Activity Streams, Umfragen, Enterprise-Wiki, Storage- und Chat-Funktion – auf Wunsch auch mit direkter Anbindung an bereits bestehende bzw. häufig genutzte Systeme. Es ermöglicht einen schnellen, weitgehend hierarchiefreien Austausch über mehrere Bereiche hinweg. Keine Newsletter mehr oder E-Mails mit langen Verteilern, sondern Forumsbeiträge, die alle Mitarbeiter bei Bedarf abrufen können. Sie erzielen somit nicht nur in puncto Benefits, sondern auch in der kompletten internen Kommunikation mehr Reichweite, Aufmerksamkeit und Beteiligung Ihrer Mitarbeiter.

Zugleich kann die komplette Unternehmenskommunikation mit einem Sicherheits- und Datenschutzkonzept ausgestattet werden – ein unternehmensspezifischer Datenschutz, der im Zeitalter von WhatsApp einen immer höheren Stellenwert bekommt.

Vermarkten Sie Mitarbeiterangebote attraktiv und effektiv. Egal, ob Ihre Belegschaft im Büro sitzt, im Außendienst arbeitet oder auf verschiedene Standorte verteilt ist.

Exemplarisch finden Sie im Folgenden eine Liste, wie Sie Ihre Benefits kommunizieren können:

- Onlineportal gezielt für das Thema Mitarbeiter-Benefits
- Mitarbeiter-Kommunikations-App inklusive Push-Nachrichten
- soziale Medien
- Firmen-Benefit-Karten
- Geschenk- und/oder Willkommens-Box
- Newsletter – per Mail oder postalisch
- Grünes Brett (eine Art „modernes Schwarzes Brett", das sich ausschließlich Benefits widmet)
- Gehaltsbeileger
- Gutscheinsysteme
- HR-Broschüre zum Thema Benefits
- Erklärfilme zu einzelnen Leistungen
- Benefit-Marketingfilm
- Firmenfeste, Benefit- oder Gesundheitstage
- persönliche und digitalisierte Mitarbeiterbefragungen

Die digitalen Kommunikationskanäle und -mittel sollten allen Mitarbeitern zugänglich sein, sodass die Beschäftigten einfach und überall darauf zugreifen können. Um die gesamte Belegschaft zu erreichen, sollten Sie immer auch auf haptische Mittel setzen. Sie wirken grundsätzlich auf einer emotionaleren Ebene als digitale Kommunikationsmittel. Zudem erreichen Sie so auch Mitarbeiter, die Vorbehalte oder eine Abneigung gegenüber digitalen Kommunikationskanälen und -mitteln haben.

Seien Sie kreativ! Präsentieren Sie die Benefits in übersichtlicher und strukturierter Form. Sprechen Sie hierbei die Sprache Ihrer Mitarbeiter. Es muss nicht immer alles förmlich sein. Zeigen Sie Ihren Beschäftigten an Beispielen, einer persönlichen Ansprache, Grafiken, Erklärfilmen etc. die Besonderheiten Ihrer Firma.

Setzen Sie die Kommunikationsmittel auch im Onboarding-Prozess neuer Mitarbeiter ein. So gestaltet sich der Einstieg angenehm, und der Firmenneuling weiß von Anfang an um die Zusatzleistungen, die Sie ihm bieten.

Eine kleine Übung

Versetzen Sie sich in die Lage des Arbeitnehmers. Welche Informationen möchten Sie auf welche Weise erhalten? Welche Fragen ergeben sich zu den einzelnen Benefits?

3.4 Digitaler und haptischer Kommunikationsmix

Wenn Sie an die einzelnen Zusatzleistungen denken: Welche negativen Gedanken könnten bei den Mitarbeitern zu den Leistungen aufkommen, zum Beispiel in puncto Datenschutz oder Abwicklung?

Wie könnten Sie diese Bedenken frühzeitig aus dem Weg räumen?

Die interne Kommunikation der Benefits kann mit der allgemeinen Unternehmenskommunikation und diversen weiteren Themen verknüpft werden. Beispielsweise könnten Sie auf die folgenden Maßnahmen setzen:

- Veranstaltungskalender: Welche Weiterbildungen, Schulungen, Events und Ausflüge stehen an?
- News und Infos: Halten Sie Ihre Mitarbeiter – etwa über ein digitales Schwarzes Brett – auf dem Laufenden.
- Firmen-Fotogalerie: Teilen Sie Erlebnisse, Feierlichkeiten, Events etc.
- Mitfahrgelegenheiten: Stärken Sie die Gemeinschaft, tun Sie etwas für die Umwelt und helfen Sie Ihren Mitarbeitern beim Sparen.
- Chat- oder Social-Media-Funktionen: Sie können nicht nur das Miteinander stärken, sondern auch die Kommunikation der ganzen Firma, einzelner Abtei-

lungen oder auch Projektteams verbessern. Hierbei ist darauf zu achten, dass die Funktionen datenschutzkonform sind.

Jetzt sind Sie dran

Beantworten Sie die folgenden Fragen für Ihr Unternehmen.
Kennen Ihre Mitarbeiter alle Vorteile, auf die sie Anspruch haben? Woran machen Sie das fest?

___

Sind die Benefit-Kommunikationsmittel modern und attraktiv gestaltet und in der Sprache Ihrer Mitarbeiter formuliert?

___

Verwenden Sie digitale und analoge (haptische) Kommunikationsmittel, um möglichst alle Mitarbeiter emotional anzusprechen?

___

Nutzen Sie ein Benefit-Mitarbeiterportal, in dem die Zusatzleistungen transparent und übersichtlich dargestellt sind?

___

Haben Sie schon einmal Ihre Mitarbeiter gefragt, wie sie die Kommunikationswege beurteilen?

___

Erkennen neue Mitarbeiter im Onboarding-Prozess sofort, welche Leistungen ihnen zustehen?

___

3.4 Digitaler und haptischer Kommunikationsmix

Werden die wichtigsten Fragen zum Benefit-Konzept verständlich beantwortet?
_____
_____
_____

Nehmen die Beschäftigten die Leistungen als besondere Wertschätzung und exklusives Konzept wahr?
_____
_____
_____

Sind die Kommunikationskanäle in Ihrem Firmendesign gehalten?
_____
_____

Werden jeweils Ansprechpartner für Rückfragen benannt? _____
_____
_____
_____

Ihre Kommunikation sollte in jedem Fall **transparent, präsent, emotional, einfach und klar** sein. Jeder Mitarbeiter sollte immer und überall wissen, wofür Ihre besondere Arbeitgebermarke steht. Stärken Sie durch geschickte Kommunikation und besondere Leistungen das Zugehörigkeitsgefühl und lassen Sie Ihre Mitarbeiter zu Markenbotschaftern werden!

Innovationsimpulse und -fragen
Wie würde unsere Website oder unser Online-Shop aussehen, wenn es keine Computer, sondern nur noch Smartphones gäbe? Welchen Nutzen könnten wir unseren Kunden mit einer Smartphone-App bieten?

Das Smartphone ist längst zur Fernbedienung unseres gesamten Lebens geworden. Trotzdem setzen zahlreiche Unternehmen die smarten Geräte nicht flächendeckend und effektiv ein. Dabei erwarten gerade die jungen Mitarbeiter ein zeitgemäßes Arbeitsumfeld. Für viele ist ortsunabhängiges und modernes Arbeiten ein wichtiges Kriterium bei der Auswahl des Arbeitgebers. Bieten Sie Ihren Kunden und Mitarbeitern einen Mehrwert in Form einer App? Nutzen Sie konsequent moderne Mobilgeräte?

Auf einen Blick
Notieren Sie hier, was Sie aus diesem Teilkapitel mitnehmen.
Das ist uns besonders wichtig

_____
_____
_____
_____
_____
_____
_____
_____
_____

Unsere nächsten Schritte

_____
_____
_____
_____
_____
_____
_____
_____

3.5 Emotionales Sensibilisierungsmanagement

„Unsere Mitarbeiter schätzen die Leistungen nicht, die wir ihnen bieten. Sie betrachten diese nach kürzester Zeit als Normalität." Dieser Satz stand bereits am Anfang von Abschn. 3.3 – mit dem Fazit: Hören Sie auf, die Schuld auf Ihre Mitarbeiter zu schieben. Übernehmen Sie die Verantwortung und gestalten Sie

3.5 Emotionales Sensibilisierungsmanagement

Ihr Benefit-Konzept so, dass Sie darüber nicht (mehr) klagen müssen. Denn die Einstellung Ihrer Mitarbeiter können Sie kaum beeinflussen. Die subjektive Bewertung, die immer vorwiegend unterbewusst emotional gebildet wird, ist beim Benefit-Konzept bedeutsam.

Dieser Prozess ist das emotionale Sensibilisierungsmanagement, das letztlich über den Erfolg Ihres Benefit-Konzepts entscheidet. Das Ziel: Über verschiedene Kanäle, mithilfe diverser Methoden und Herangehensweisen werden die Mitarbeiter so für die Leistungen und Vorzüge Ihrer Firma sensibilisiert, dass diese immer wieder ins Gedächtnis gerufen werden. Dadurch erzeugen Sie nachhaltig und immer wieder (positive) Emotionen. Das Ergebnis: Die Leistungen werden als besonders wahrgenommen, abgerufen und wertgeschätzt.

Es reicht nicht aus, zwei Mal im Jahr einen Newsletter zu den Leistungen zu versenden. Es reicht auch nicht aus, sich einmal eine Stunde Zeit für das Thema zu nehmen und es dann ad acta zu legen. Vielmehr benötigen Sie einen lebendigen Prozess. An dieser Stelle sollten Sie die Erfolgsbausteine 1 bis 4 (Abschn. 3.1 bis Abschn. 3.4) bereits durchgearbeitet haben. Dadurch haben Sie eine Basis geschaffen, auf der Sie nun das emotionale Sensibilisierungsmanagement aufbauen können.

Im Folgenden finden Sie einige Beispiele, wie eine Sensibilisierung in der Praxis aussehen kann. Nutzen Sie die Beispiele gerne zur Anregung, achten Sie jedoch darauf, dass die Art der Sensibilisierung zu Ihrem Unternehmen und zu den Beschäftigten passt.

Leistungen

Welche Herausforderung haben Sie, wenn Sie zum ersten Date 100 Rosen mitbringen? Sie müssen beim zweiten Date 101 Rosen mitbringen, um wieder zu beeindrucken. Alternativ können Sie ein anderes vergleichbares Geschenk mitbringen oder Ihrem Gegenüber klarmachen, dass Sie nicht jedes Mal Rosen mitbringen können. Fakt ist aber, dass Sie mit einem sehr großen Geschenk zu Beginn die Erwartungshaltung deutlich erhöhen. Kommen Sie alternativ zum ersten Date mit einer einzigen Rose, freut sich Ihr Gegenüber auch über diese Geste.

Wozu diese kleine Geschichte? Sie soll Ihnen verdeutlichen, dass Sie Ihr Benefit-Konzept nicht mit einem „Knaller" beginnen sollten. Strukturieren Sie Ihre Benefit-Planung sorgfältig: Bauen Sie die Leistungen dabei nach und nach aus. Das hat gleich drei Vorteile:

1. Sie überfordern die Mitarbeiter nicht mit zu viel Neuem.
2. Sie haben regelmäßig gute Neuigkeiten für die Beschäftigten.
3. Jede einzelne Leistung bekommt mehr Aufmerksamkeit.

Achten Sie bei der Benefit-Auswahl darauf, dass die Leistungen regelmäßig für positive Emotionen sorgen. Vergessen Sie dabei jedoch nicht die Geschichte der 100 Rosen und der entsprechenden Erwartungshaltung.

3.5.1 Einbindung in den Alltag

Ihre Mitarbeiter sollten Freude daran haben, die Zusatzleistungen in Anspruch zu nehmen – behalten Sie das bei der Wahl der Leistung und vor allem bei deren Gestaltung immer im Blick. Binden Sie die Leistung in den Alltag der Beschäftigten ein. Wenn Sie den Mitarbeitern etwa Kosten aus dem täglichen Leben ersparen, denken sie ständig an Sie – beispielsweise, wenn Sie ihnen ein Jobticket finanzieren. Schenken Sie auch den Familienangehörigen der Mitarbeiter Ihre Aufmerksamkeit, indem Sie ein Leistungspaket für sie gestalten. Denken Sie an das Sprichwort „happy wife, happy life". Unterstützen Sie beispielsweise auch die Ehefrau eines Mitarbeiters, stärkt dies die Mitarbeiterbindung enorm. Sobald der Partner des jeweiligen Angestellten von Ihnen begeistert ist, haben Sie eine zusätzliche emotionale Stütze. Dann ist Ihr Angestellter auch dann noch zufrieden, wenn ein Arbeitstag einmal nicht so gut war oder seine persönliche Erwartungshaltung kurzfristig nicht erfüllt wird.

Erfolgsgeheimnis Wohlfühlfaktor
Leistungen, die einen besonderen Wohlfühlfaktor auslösen, sensibilisieren fast von allein. Jedes Mal, wenn Ihr Mitarbeiter die Leistung mit Wohlfühlfaktor in Anspruch nimmt, wird er an Sie denken. So können Sie Ihre Beschäftigten nicht nur binden, sondern auch motivieren.
  Wie könnten solche Leistungen aussehen?
  Ein besonderer Massagestuhl in Ihrer Firma, Yogastunden in der Mittagspause, die Kostenübernahme für die Sehhilfe oder den Heilpraktiker, ein Firmenwagen etc. Auch hier sind Ihrer Kreativität keine Grenzen gesetzt. Überlegen Sie sich, welche Leistungen Ihrer Belegschaft besonders gefallen. Achten Sie darauf, dass die Benefits auch tatsächlich dieses Wohlgefühl bei Ihren Mitarbeitern auslösen. Wenn Sie Leistungen anbieten, die andere Firmen nicht im Programm haben, werden Ihre Mitarbeiter spätestens im Austausch mit Freunden und Bekannten von außen an die besonderen Benefits erinnert.

3.5 Emotionales Sensibilisierungsmanagement

Weitere Möglichkeiten zur Sensibilisierung
Es ist ganz normal, dass der Mensch als Gewohnheitstier Neuerungen nach kürzester Zeit als Normalität ansieht. Dem müssen Sie entgegenwirken. Übernehmen Sie die Verantwortung dafür, dass die besonderen Leistungen Ihres Unternehmens auch langfristig als besonders wahrgenommen werden. Installieren Sie einen Prozess des emotionalen Sensibilisierungsmanagements.
Ein Managementprozess ist im Normalfall in ständiger Bewegung. Schließlich reicht es nicht aus, den Mitarbeitern einmal einen kleinen Mehrwert zu bieten – und dann nie wieder aktiv zu werden. Gleiches gilt für die Kommunikation der Benefits: Es reicht nicht aus, die Leistungen einzuführen, um sie dann nie wieder aktiv zu bewerben. In Abschn. 3.6 erfahren Sie, wie wichtig es ist, ein aktives Arbeitgebermarketing (nach außen) zu betreiben. Mindestens genauso wichtig ist es jedoch, sich intern als besonderer Arbeitgeber zu vermarkten. Denn die Bedeutung zufriedener Mitarbeiter für den unternehmerischen Erfolg kann man kaum überschätzen (Abschn. 2.3). Wenn Sie besondere Wertschätzung und echte Mitarbeiterbegeisterung vermitteln, erhalten Sie engagierte Mitarbeiter als Botschafter für Ihr Unternehmen.
Nutzen Sie die Kraft der zufriedenen Mitarbeiter und regen Sie die Inanspruchnahme der Leistungen aktiv an.

Jetzt sind Sie dran
Beantworten Sie die folgenden Fragen für Ihr Unternehmen.
Wie präsentieren Sie die Leistungen, und wie sensibilisieren Sie die Beschäftigten hierzu?

_____
_____
_____
_____
_____
_____
_____
_____
_____
_____

Über welche Kanäle und in welchem Abstand erinnern Sie die Mitarbeiter aktiv an die Benefits?

_____

_____

_____

_____

_____

_____

Besteht ein lebendiger Prozess, der ständig überarbeitet wird? Berücksichtigen Sie dabei das Feedback der Mitarbeiter?

_____

_____

Haben Sie sich umfassend darüber informiert, welche Leistungen es gibt, Mitarbeiter-Benefit-Konzepte besonders zu gestalten?

_____

_____

3.5.2 Umfassende Kommunikation – Grundlage erfolgreicher Sensibilisierung

In Abschn. 3.4 haben Sie sich mit der Frage nach der „richtigen", also erfolgreichen, Kommunikation auseinandergesetzt. Dabei haben Sie erfahren, dass eine Mischung aus digitalen und haptischen (analogen) Kommunikationsmitteln besonders gut wirkt. Ausführliche, zielgerichtete Kommunikation bildet die Grundlage Ihres Sensibilisierungsmanagements. Überlegen Sie sich immer wieder, inwiefern Sie die Kommunikation des Benefit-Konzepts verbessern können und setzen Sie die Verbesserungsvorschläge zeitnah um.

Eine kontinuierliche Kommunikation über verschiedene Kanäle ist der erste Schritt einer nachhaltigen Sensibilisierung. Falls Sie sich für die Kommunikation per App entscheiden, bieten sich beispielsweise folgende Möglichkeiten der Kommunikation an:

- **Push-Nachrichten:** Diese Nachrichten, die auf dem Display erscheinen, ohne dass dazu eine bestimmte App geöffnet werden muss, wirken besonders eindringlich. Sie eignen sich gut, um Informationen kurz und prägnant her-

3.5 Emotionales Sensibilisierungsmanagement

vorzuheben. Auch wenn sich Nutzer Erinnerungen setzen, erscheinen derartige Push-Nachrichten.
- **News-Bereich:** Über Neuigkeiten und auf Highlights können Sie regelmäßig im News-Bereich hinweisen. Ihre Mitarbeiter werden in Echtzeit auf einen Blick informiert.
- **Informationsaustausch durch Mitarbeiter:** Hierbei können die Mitarbeiter ihre Erfahrungen teilen und somit in Eigenregie miteinander kommunizieren.
- **Puls-Befragungen:** Nutzen Sie kompakte und fokussierte Umfragen, um rasch Informationen einzuholen und schnell auszuwerten. Dieses Instrument eignet sich zum Beispiel dann, wenn Sie von ausgewählten Zielgruppen in Echtzeit Feedback zu einem bestimmten Thema haben möchten. Über diese Auswertung können Sie genau analysieren, wer was braucht.
- **Schwarzes Brett:** Die Funktionen eines digitalen Schwarzen Bretts können perfekt mit einem in der Firma aufgehängten Grünen Brett verbunden werden.
- **Chat:** Ein interner Chat regt den Austausch untereinander an. Auch ein Live-Chat mit verschiedensten Spezialisten (Rückentrainer, Schlafcoach etc.) ist denkbar; so werden die Mitarbeiter dafür sensibilisiert, dass es sich bei den Benefits um etwas Besonderes handelt.

3.5.3 Einbindung der Mitarbeiter

Binden Sie Ihre Mitarbeiter bereits aktiv in den Benefit-Sensibilisierungsprozess ein? Das gelingt oft besonders gut, wenn ein eigener Mitarbeiter die Rolle des „Benefit-Kommunizierers" übernimmt. Das muss nicht zwingend eine Führungskraft sein.

Im Fairlohnung®-Konzept wurden dazu sogenannte Benefit-Influencer eingeführt. Sie sind dafür verantwortlich, die Inanspruchnahme der Benefits aktiv anzuregen und für gute Stimmung zu sorgen. Wie Abschn. 3.3 erwähnt, gibt es in jeder Firma Nörgler, die noch die tollsten Benefits schlechtreden. Hier gilt es einzugreifen, da sich ein negativer Eindruck und die damit verbundene schlechte Laune übertragen kann. Hierbei ist es besonders wichtig, dass ein interner Mitarbeiter die Rolle des Benefit-Influencers übernimmt, für gute Stimmung sorgt und die Beschäftigten dazu anregt, die Leistungen in Anspruch zu nehmen. Diese Aufgabe kann auch ein Feel Good Manager übernehmen.

Darunter versteht man eine Person, die im Unternehmen dafür sorgt, dass das Arbeiten in allen Bereichen nachhaltig verbessert wird. Feel Good Manager sind dazu da, um die Bedürfnisse aller Mitarbeitenden aufzufangen und eine konstruktive Zusammenarbeit zu fördern.

Aufgaben und Tätigkeiten
Als Spezialisten für Unternehmenskultur sollen sie für „beste Rahmenbedingungen" sorgen.

Feel Good Management ist ein Zusammenschluss verschiedener Ansätze; so gibt es auch viele Schnittstellen zur Personalentwicklung. Die möglichen Aufgaben sind dementsprechend vielseitig. Sie sind Unternehmenskultur-Beauftragte und Ansprechpartner für die Mitarbeiter. Sie fungieren als Gesundheitsmanager, Konfliktberater und Kommunikationstrainer und als zentrale Schnittstelle zwischen Chefetage und Mitarbeitern. Zu den möglichen Aufgabenbereichen zählen die interne Kommunikation, Teambuilding, Hilfen beim Einstieg in das Unternehmen für neue Mitarbeiter („Onboarding"), Gesundheit und Facility Management. Sie planen Firmenevents und -ausflüge, kümmern sich um die gesunde Ernährung im Unternehmen und um die Anliegen der Mitarbeiter. (Wikipedia 2019)

Kurz gesagt, sorgt der Feel Good Manager für ein Wohlgefühl sowie ein produktives Arbeitsumfeld. Er trägt mit dafür die Verantwortung, dass Mitarbeiter zu Fans des Unternehmens werden. Hierbei handelt es sich um ein neues Berufsfeld – jedoch eines, das Zukunft hat!

3.5.4 Ansporn und Wettbewerbsgedanke

In Abschn. 3.3.6 haben Sie sich beim Schlagwort „Gesundheit" bereits mit Wettbewerben und Anreizsystemen auseinandergesetzt. Denkbare Wettbewerbsaufgaben sind beispielsweise: Welche Abteilung macht innerhalb einer Woche die meisten Schritte? Welches Team sammelt die meisten Gesundheits-Punkte? Als Ansporn können Sie den Wettbewerbsgedanken anregen und etwa einen Preis für das Gewinnerteam ausloben. Der Kreativität sind hier keine Grenzen gesetzt.

Gerade Gesundheits-Challenges haben mehrere Vorteile. Die Teilnehmer profitieren durch Stressreduktion, bessere Schlafqualität, weniger Schmerzen, ein gesteigertes Wohlbefinden und ein verbessertes Zusammengehörigkeitsgefühl; das Unternehmen freut sich wiederum über eine gesteigerte Produktivität der Beschäftigten und eine höhere Mitarbeiterbindung.

Sie können solche kleinen Wettbewerbe auch mit einer Sponsoring-Aktion oder etwa einem Firmenlauf verbinden. Wenn Sie es schaffen, einen Großteil der Belegschaft für einen Firmenlauf zu gewinnen, wirkt sich das zum einen positiv auf Ihre Arbeitgebermarke aus. Zum anderen fördern Sie auch den Teamgeist Ihrer Angestellten. Gemeinsame sportliche Aktivität ist eine der besten Methoden, um Zusammenhalt zu schaffen. Oft entstehen aus dem gemeinsamen Training echte Freundschaften.

3.5 Emotionales Sensibilisierungsmanagement

Gamification – spielerisch und angenehm anders sensibilisieren
Menschen spielen gerne – und zwar nicht nur im Kindesalter. Das zeigt nicht zuletzt die enorme Beliebtheit von Quiz- oder Gameshows. Das macht sich die sogenannte Gamification zunutze. Dabei geht es darum, spielerische Elemente einzusetzen, um Menschen zu motivieren. Motivationsfaktoren wie Neugierde, Wettbewerbstrieb und Spieltrieb kommen dabei zum Tragen.

Haben Sie in Ihrem Unternehmen bereits einmal ein Gamification-Tool eingesetzt, um Ihre Mitarbeiter weiterzubilden, neue Prozesse zu integrieren oder schnell und einfach Wissen zu transferieren? Hierbei gibt es ganz verschiedene Methoden und Ansatzpunkte.

Beispielsweise können Angestellte ihr Wissen mit anderen Kollegen in Form eines Quiz austauschen und sich hierbei duellieren. Auch für die Sensibilisierung lässt sich Gamification gut nutzen, beispielsweise, indem Sie – etwa im Intranet – einen Test aufsetzen: „Wie gut kennen Sie unsere Benefits?" Die Beschäftigten können durch Rankings oder durch kleine Belohnungen für den Gewinner zur Teilnahme ermuntert werden. Hier sind der Kreativität keine Grenzen gesetzt.

Durch Abwechslung, verschiedene Funktionalitäten und Interaktionen entsteht eine starke emotionale Bindung. Zugleich können Mitarbeiter mithilfe von Gamification-Tools ihre Kompetenzen erweitern oder gezielt auf besondere Themen aufmerksam gemacht werden. Somit kann dieser spielerische Prozess im Onboarding oder auch zu regelmäßiger Sensibilisierung eingesetzt werden.

3.5.5 Benefit-Events

Gemeinsame Incentive-Reisen und Events sind häufig unvergessliche Erlebnisse, sie schaffen einzigartige Erinnerungen und zählen zu den besten Teambuilding-Maßnahmen, die es gibt. Machen Sie hier einmal etwas Besonderes! Auf der Weihnachtsfeier sollte mehr geboten werden als einfach nur ein Abendessen. Haben Sie einmal Ihre Mitarbeiter gefragt, was sie interessieren würde? Welches Erlebnis können Sie Ihren Mitarbeitern bieten, das zugleich das Zusammengehörigkeitsgefühl stärkt? Nutzen Sie Ihre Kontakte und Ihr berufliches Netzwerk oder informieren Sie sich online, wie Sie besondere Erinnerungen schaffen können. Schöne Erinnerungen sind die wahren Schätze des Lebens!

Benefit-Events müssen aber nicht immer mit einem Abenteuer verbunden sein, denkbar sind beispielsweise auch besondere Benefit-Tage, zum Beispiel ein Gesundheitstag. So eine Veranstaltung kann für Sie als Unternehmer sehr interessant sein, denn bis zu 100 Prozent der Kosten werden von den gesetzlichen Krankenkassen übernommen. Zudem bieten die Krankenkassen auch eigene Inhalte für

Gesundheitstage. Für Sie bedeutet das: minimaler Aufwand bei minimalen Kosten und (im besten Fall) maximalem Erlebnischarakter. Dennoch ist Vorsicht geboten: Überlegen Sie sich gut, welcher Krankenkasse Sie die Türen Ihrer Firma öffnen wollen und welche Themen von diesen angeboten werden sollen. Denn allzu leicht entsteht der Eindruck, dass die Krankenkasse eine solche Veranstaltung nur ausrichtet, um neue Mitglieder zu werben.

Lassen Sie sich Ihre Möglichkeiten zur Gestaltung aufzeigen und informieren Sie sich, welche Krankenkasse für einen Gesundheitstag infrage kommt. Diese sollte als Gesundheitsdienstleister Ihrer Firma fungieren und den Gesundheitstag zum Employer Branding nutzen. Die gesetzlichen Krankenkassen bieten heutzutage fast alle vergleichbare Leistungen an. Wenn eine Krankenkasse als qualifizierter Dienstleister auftritt und geschultes Fachpersonal stärkt, kommen Ihre Mitarbeiter von selbst auf die Idee, sich mit den Krankenkassenmitarbeitern zu unterhalten. Dies sollte jedoch nicht erzwungen werden.

Sie können einen solchen Tag auch dafür nutzen, um zu Ihrem BGM zu beraten. Auch andere externe Dienstleister können zu einem solchen Event beitragen. So beugen Sie dem Vorwurf vor, dass bei einem Gesundheitstag nur die Aktiven und Gesunden erreicht werden. Sprechen Sie beispielsweise die folgenden Personen und Unternehmen auf eine Teilnahme an:

- Fachärzte aus der Region
- Anbieter von Firmenfitness-Tools/-Kursen, um die Trainingsquote zu erhöhen
- Optiker, die mit einem Sehtest und Firmenrabatten für Sie kostenlose Mehrwerte bieten
- Anbieter von Vorsorgeuntersuchungen und Präventionsmaßnahmen
- Spezialisten für gesunde Ernährung und Stressprävention
- Produzenten und/oder Händler für gesunde Ernährung
- Kommunikationstrainer und Persönlichkeitscoaches
- alternative Heilmediziner wie Heilpraktiker o. Ä.
- Spezialisten für Zahnmedizin und Zahnprophylaxe
- Experten für Rauchentwöhnung
- Anbieter für E-Bike-Leasing

Viele der genannten Anbieter bieten solche Leistungen gratis an, bereichern und beleben eine Veranstaltung. Es sollte für jeden Mitarbeiter etwas dabei sein.

Es muss nicht immer ein klassischer Gesundheitstag sein. Sie könnten auch ein etwas allgemeineres Benefit-Event veranstalten. Neben Gesundheitsthemen können Sie auch ganz andere Aspekte Ihres Benefit-Pakets in den Mittelpunkt stellen und/oder Ihre Mitarbeiter über die Zusatzleistungen informieren. Auch spezielle

3.5 Emotionales Sensibilisierungsmanagement

Angebote können ein solches Event unvergesslich machen, beispielsweise, wenn Händler vor Ort Sonderkonditionen für Ihre Beschäftigten anbieten. Denkbar sind unter anderem folgende Event-Highlights:

- spezielle Angebote von Einkaufsläden (Firmenkonditionen)
- Vorstellung besonderer Finanzierungskonzepte für Immobilien
- Angebot des Vorsorgemanagements und Beratung zu privaten Versicherungen
- Beratung zur Nettolohnoptimierung und Steuerberatung
- Vorstellung von Weiterbildungsoptionen und Erörterung persönlicher Perspektiven
- Führungskräfte-Workshops
- Familien- oder Pflegeberatungen
- Vorstellung von Sportvereinen (ggf. mit Schnupperangeboten)

Suchen Sie sich für diesen Tag nicht nur die passenden Partner, sondern setzen Sie diese auch als Sponsoren ein. Hierdurch können Sie bei dem Event unvergessliche Programmpunkte – wie ein besonderes Buffet, ein Gewinnspiel, Verlosungen, Coachingprogramme und Ähnliches – anbieten. Die externen Spezialisten werten nicht nur Veranstaltungen auf, sie können auch die Gestaltung des Tages übernehmen. Laden Sie hierzu die Presse oder zumindest einen Fotografen ein, um diesen besonderen Tag zu dokumentieren. So werden die Erinnerungen bildlich oder schriftlich festgehalten – und Sie können Bilder und/oder Texte zielgerichtet zur Außendarstellung und zur emotionalen Sensibilisierung der Beschäftigten einsetzen.

Kick-off-Events für neue Benefits
Feiern Sie neue Leistungen gemeinsam mit Ihren Mitarbeitern! Präsentieren Sie diesen besonderen Anlass etwa in Form einer Teamparty. Hierbei sollte es jedes Mal einen Wow-Effekt geben. Optimalerweise überraschen Sie Ihre Mitarbeiter mit neuen Leistungen und lassen diese von externen Spezialisten präsentieren, die Sie als Arbeitgeber in ein möglichst gutes Licht zu rücken wissen.

3.5.6 Sensibilisierung durch Erfolgsabhängigkeit

Es kann ratsam sein, gewisse Leistungen erfolgsabhängig anzubieten. Leistungen, die nur für Erfolge oder besonderen Einsatz vergeben werden, sind nicht selbstverständlich. Deshalb werden sie als etwas Besonderes wahrgenommen.

Bei der Gestaltung dieser Leistungen sind jedoch auch die möglichen negativen Folgen detailliert zu betrachten. Ein Beispiel: Sie kennen sicher den

„Gesundheitsbonus". Hierbei erhält der Mitarbeiter bei besonders wenigen Fehltagen eine finanzielle Belohnung. Die „Montags-Krankheit" kann so gezielt bekämpft werden. Der „Gesundheitsbonus" kann jedoch auch zur Folge haben, dass sich Mitarbeiter krank zur Arbeit schleppen, wodurch die Produktivität massiv leidet. Langzeiterkranke, die gesundheitlich stark beeinträchtigt sind und hierfür vermutlich gar nichts können, leiden besonders darunter, dass dieser Bonus für sie entfällt. Überlegen Sie sich daher gut, wie ein Anreizsystem aufgebaut sein sollte.

Im Vertrieb können mehrere Faktoren zur Staffelung der Benefits genutzt werden, beispielsweise:

- persönlicher Umsatz
- Teamumsatz
- Firmenumsatz
- besondere Kundenzufriedenheit
- Kundenwerbebonus
- Kundenrückgewinnungsbonus

Achten Sie hierbei darauf, dass das Backoffice nicht zu stark benachteiligt wird. In der Firma sollte jeder das Gefühl haben, dass er zum Erfolg des Unternehmens beiträgt.

3.5.7 Service rund um die Benefits

In Abschn. 3.5.5 war davon die Rede, dass die gesetzlichen Krankenkassen mehr als Gesundheitsdienstleister auftreten sollten. Im übertragenen Sinn gilt das auch für Sie als Arbeitgeber: Seien Sie nicht einfach nur Benefit-Geber für Ihre Mitarbeiter, sondern treten Sie mehr als Dienstleister für Ihre Beschäftigten auf und bauen Sie Ihre Serviceleistungen aus. Viele Leistungen können Sie über Drittanbieter ohne (allzu hohe) Mehrkosten anbieten.

Wie kann das aussehen? Sieben Beispiele:

- Unterstützen Sie Ihre Mitarbeiter in der persönlichen Entfaltung und Weiterentwicklung, indem Sie Fortbildungen – auch zu nicht-fachlichen Themen – anbieten oder fördern.
- Bieten Sie Informationen rund um die Themen Steuern, Elterngeld, Familienzuschüsse, Pflegebedarf, Ferienprogramme, Kinderbetreuungsangebote etc.
- Handeln Sie Rabattierungen bei Onlineshops aus, von denen Ihre Angestellten profitieren.

3.5 Emotionales Sensibilisierungsmanagement

- Unterstützen Sie die gesunde Ernährung der Belegschaft mit Tipps und beispielsweise der Möglichkeit, sich Obst auch für den Privatbedarf zu bestellen.
- Bieten oder fördern Sie Kurse rund um die Gesundheit – weisen Sie etwa auf Angebote von Krankenkassen hin.
- Stellen Sie den Angestellten ein Dienstfahrrad oder andere Mobilitätslösungen zur Verfügung.
- Bieten Sie Beratung und Hilfe in allen Lebenslagen – oder informieren Sie über die richtigen Anlaufstellen in schwierigen Lebenssituationen.

Jetzt sind Sie dran

Beantworten Sie die folgenden Fragen für Ihr Unternehmen.

Werden Ihre Mitarbeiter regelmäßig zu den verschiedenen Leistungen sensibilisiert?

_____
_____

Welches Verbesserungspotenzial erkennen Sie an dieser Stelle? _____

_____
_____
_____
_____
_____
_____

Welchen Aspekt möchten Sie zukünftig als Erstes angehen?

_____
_____
_____

Wie „verkaufen" Sie die Benefits intern? Bewerben Sie sie in regelmäßigen Abständen?

_____
_____
_____

Gibt es im Unternehmen Personen, die als Benefit-Influencer dafür sorgen, dass die Leistungen positiv wahrgenommen werden?

Gibt es im Unternehmen bereits Feel Good Manager, die für gute Stimmung sorgen? Wäre es denkbar, eine solche Rolle zu schaffen?

Wurde bei der Wahl der Benefit-Anbieter darauf geachtet, wie diese in den Prozess eingebunden werden können? Wie können Sie in diesem Bereich aktiv werden, wenn dies bis dato noch nicht der Fall war?

3.5 Emotionales Sensibilisierungsmanagement

Spielen die Benefits eine Rolle im Alltag der Belegschaft, und erreichen Sie auch die Familienangehörigen? Bauen Sie das Angebot stetig aus?

Verwenden Sie digitale und analoge (haptische) Mittel, um möglichst alle Mitarbeiter emotional anzusprechen?

Haben Sie die Sensibilisierungskanäle einmal ausgewertet? Wie stellen Sie sicher, dass diese Ihre Mitarbeiter auch wirklich erreichen?

Agieren Sie innovativ und lassen Sie sich neue Sachen einfallen? Wie wird die Gestaltung der Benefits in der Zukunft aussehen? Welche internen sowie externen Personen werden in diesen Prozess inkludiert?

Veranstalten Sie jährliche Benefit-Events und/oder Gesundheitstage? Wie können Sie diese zukünftig stärker beleben oder verbessern? Welche Sponsoren, Partner und Dienstleister möchten Sie einbeziehen?

Welche weiteren Ansätze nehmen Sie darüber hinaus aus der Praxis mit?

3.5 Emotionales Sensibilisierungsmanagement

_____
_____
_____
_____
_____
_____
_____
_____
_____
_____
_____

Sensibilisierung von den Profis lernen und adaptieren
Eine der folgenden Situationen kennen Sie sicher:

- Aufgrund einer Werbung in sozialen Netzwerken oder auf einer Website haben Sie online etwas gekauft, obwohl Sie es gar nicht wirklich gebraucht haben.
- Verschiedene Bonusprogramme (etwa Miles & More, American Express oder Payback) positionieren immer wieder Hinweise auf Produktpartner und Dienstleistungen via E-Mail, in der App oder durch Postwurfsendungen.
- Der Onlinehandel Ihres Vertrauens sendet Glückwünsche zu Ihrem Geburtstag, zu Weihnachten, Valentinstag u. v. m.

Viel Werbung landet direkt im Müll. Aber manchmal sorgt sie auch dafür, dass Sie bei einem Händler einkaufen, den Sie (zumindest vorübergehend) gar nicht „auf dem Schirm" hatten.

Bewerben Sie regelmäßig Ihre Benefits, wie diese Profis ihre Produkte bewerben. Stellen Sie sich die Frage, was Sie von diesen in puncto Arbeitgebermarketing lernen können! Vermarkten Sie nicht nur Ihre Produkte, sondern auch Ihre besonderen Leistungen. Integrieren Sie die entsprechenden Informationen in Ihre interne und externe Kommunikation. Sorgen Sie dafür, dass Sie Ihre Mitarbeiter über verschiedene Kanäle erreichen.

Verbinden Sie die Bewerbung der Benefits damit, Ihren Mitarbeitern auch einmal Wertschätzung zu vermitteln und ohne besonderen Anlass danke zu sagen. Die Kombination wird Ihren Mitarbeitern sicher in guter Erinnerung bleiben. Ihre Mitarbeiter freuen sich auch über Komplimente.

Kleine Aufmerksamkeiten können Sie auch gemeinsam mit Partnern, Sponsoren oder anderen Personen aus Ihrem Netzwerk zusammenstellen. Der befreundete Optiker räumt Rabatte für die Mitarbeiter ein, der Arzt um die Ecke ermöglicht eine besondere Terminvergabe, der nächste Obsthändler versorgt die Mitarbeiter mit Vitaminen etc. So leicht können Sie Ihr Netzwerk in den Leistungs- und Sensibilisierungsprozess einbinden.

Innovationsimpulse und -fragen
In Dänemark gibt es eine Radarfallen-Lotterie. Das Bußgeld der Raser wird unter allen vorbildlichen Fahrern verlost. Wie können wir unsere Kunden motivieren? Wie können wir spielerische Elemente nutzen, um unsere Mitarbeiter zu begeistern?

Gamification ist ein heißes Thema – völlig zu Recht. Der Spieltrieb ist menschlich. Richtig eingesetzt, kann er Kunden und Mitarbeiter motivieren. Wie können wir unsere Mitarbeiter spielerisch anspornen? Welche Unternehmensziele lassen sich mit spielerischen Elementen erreichen?

Auf einen Blick
Notieren Sie hier, was Sie aus diesem Teilkapitel mitnehmen.
　Das ist uns besonders wichtig

　Unsere nächsten Schritte

3.6 Arbeitgebermarketing/Employer Branding

Die Unique Selling Proposition (USP) von Produkten und Dienstleistungen stellen Unternehmen gerne ausführlich vor. Doch dabei vergessen sie immer wieder, dass sie auch als Arbeitgeber eine USP haben. Welche Leistungen bieten Sie Ihren Mitarbeitern, und wo liegen hier Alleinstellungsmerkmale?

▶ Employer-Branding-Maßnahmen haben häufig eine durchschlagendere Wirkung als das größte Marketingbudget, denn zufriedene Mitarbeiter fungieren als authentische Markenbotschafter. Ein aktives Arbeitgebermarketing bedeutet für Sie die Sicherung Ihrer Wettbewerbsfähigkeit. Doch damit das gelingt, müssen Sie aktiv entsprechende Maßnahmen ein- und durchführen.
Zwei besonders wichtige Punkte sollten Sie aus Abschn. 3.4 und Abschn. 3.5 mitnehmen:
1. Es ist essenziell, dass jeder Mitarbeiter die Leistungen kennt, die Sie ihm bieten.
2. Sie müssen die Beschäftigten permanent dafür sensibilisieren. Nur so verankern Sie die Benefits nachhaltig in den Köpfen der Arbeitnehmer und erreichen auch neue Mitarbeiter schnell und gezielt.

3.6.1 Warum Employer Branding?

Mitarbeiter werden knapp, vor allem hoch qualifizierte. Deshalb ist es für ein Unternehmen überlebenswichtig, leicht Talente zu gewinnen und lange zu binden. Mitarbeiter sind zudem Markenbotschafter, immer und überall, speziell in Zeiten der sozialen Medien.

Daher setzen einige Unternehmen darauf, sich in der Öffentlichkeit als herausragende Arbeitgebermarken zu positionieren. Jobsuchende wählen in der Regel immer die bekannten Imagemarken als Arbeitgeber aus. Diese können dann aus der Masse der Bewerber „den Rahm abschöpfen".

Positive Effekte erfolgreichen Arbeitgebermarketings
Wenn ein Arbeitgeber zudem mehr für seine Mitarbeiter tut als der Wettbewerb, werden die Beschäftigten langfristig an das Unternehmen gebunden. Diesen Aspekt der Arbeitgebermarkenbildung nennt man Employer Branding. Das Employer Branding ist Teil des Marketings, aber auch des Personalmanagements. Ein gutes Arbeitgebermarketing steigert die Effizienz der Personalrekrutierung und die Qualität der Bewerber.

Ein positives Image hat neben der erleichterten Rekrutierung von Personal noch weitere positive Effekte: Zahlreiche Studien in Großbritannien und den USA haben ergeben, dass es signifikante Zusammenhänge zwischen einer guten Arbeitgebermarke und erhöhter Leistungsbereitschaft, stärkerer Identifikation mit dem Unternehmen und mehr organisationalem Engagement der Mitarbeiter gibt. Auch eine Senkung des Krankenstands und weniger Bürodiebstahl können auf eine gute Arbeitgebermarke zurückgeführt werden.

Es macht nicht nur Spaß, in diesen mitarbeiterorientierten Firmen zu arbeiten, die Beschäftigten erhalten auch sonst viele Benefits. Dieser faszinierende Mix aus Goodies und Freiheit trägt dazu bei, dass diese Marken aktiv von ihren Mitarbeitern weiterempfohlen werden. Die großen Unternehmen haben schon längst damit angefangen, aber auch kleine und mittlere Unternehmen haben die Dringlichkeit inzwischen erkannt. Stärken auch Sie Ihre Arbeitgebermarke!

Sie sollten sich zum Thema **Employer Branding** folgende Fragen stellen:

- Hat das Unternehmen ein sehr gutes Image, und wird dies gemessen?
- Berücksichtigen die Marketingaktivitäten auch den Auftritt der Marke als attraktiver, sicherer und langfristiger Arbeitgeber?
- Begeistert die Unternehmensphilosophie die Mitarbeiter, Kunden und Partner?
- Wird darauf geachtet, die besten Mitarbeiter und Partner im Sinne des Arbeitgebermarketings analog und digital anzuziehen und sie auch zu halten?

Eine hohe Attraktivität als Arbeitgeber und Partner ist eine wesentliche Voraussetzung dafür, die besten Mitarbeiter und Partner zu bekommen. Dies setzt in der Personalstrategie voraus,

- zu wissen, was für das Unternehmen wichtig ist, an welchen Parametern „die Neuen" später gemessen werden, wie sie gestrickt sein sollen,
- einen genauen Plan zu entwickeln, wie diese Mitarbeiter gefunden, gehalten und entwickelt werden sollen und

3.6 Arbeitgebermarketing/Employer Branding

- diesen Plan so im eigenen Auftreten zu verkörpern, dass es eine Resonanz gibt.

Abgesehen von der möglichen Bezahlung ist das Employer Branding immer ein klarer Indikator für die Unternehmenssituation, -attraktivität und -kultur.

Untersuchungen haben ergeben, dass Bestleister und leistungsorientierte Menschen Umgebungen suchen, in denen dieses Verhalten belohnt wird. Eine begeisternde Unternehmensphilosophie, zukunftsorientierte und individuelle Weiterbildungsprogramme, enge Anbindung der Entlohnung an die Leistung und gute Aufstiegs- bzw. Verdienstmöglichkeiten sind die Antriebskräfte für Ihre Attraktivität als Partner oder Arbeitgeber.

Machen Sie sich strukturiert Gedanken hierzu?

Abgrenzung von Wettbewerbern

Kennen Sie Ihre Konkurrenz? Mit wem müssen Sie sich messen? Vergleichen Sie sich nicht nur mit Arbeitgebern, die ähnliche Produkte oder Dienstleistungen anbieten wie Sie. Alle Unternehmen, die um die gleiche Zielgruppe wie Sie werben, sind in puncto Arbeitgeberattraktivität Ihre Wettbewerber.

Jetzt sind Sie dran

Beantworten Sie die folgenden Fragen für Ihr Unternehmen.
Wie präsentieren Sie sich derzeit als Arbeitgeber nach außen?

Welche Maßnahmen des aktiven Arbeitgebermarketings betreiben Sie bislang?

Ist es Ihnen wichtiger, durch das Employer Branding neue Bewerber zu generieren, oder wollen Sie sich damit vor allem als sozialer Arbeitgeber gegenüber Kunden positionieren?

Wer ist Ihre Zielgruppe (Azubis, Fachkräfte etc.)? Was wünscht sich die angesprochene Zielgruppe?

3.6 Arbeitgebermarketing/Employer Branding

Wie erreichen Sie diese Zielgruppe am besten?

_____
_____
_____
_____
_____
_____
_____
_____
_____

Was sehen Ihre Kunden gerne? Was stärkt Sie als Arbeitgeber?

_____
_____
_____
_____
_____
_____
_____
_____
_____
_____

Employer Branding – eine Mischung aus Pflicht und Kür
Employer Branding hat viele Aspekte. Dazu gehören Work-Life-Themen, Arbeits- und Sozialbedingungen, Umweltschutz, aber auch der Umgang mit den Engagement-Faktoren. Wenn entsprechende Benefits in einem gesunden Mix geboten werden, wirkt das Unternehmen wie ein Magnet, zieht Menschen an und bindet diese – zumal die High Potentials.

Employer Branding umfasst diverse verbindliche, aber auch freiwillige Aspekte. Verbindliche Aspekte sind, wie es der Name sagt, eigentlich Pflicht. Dazu zählen beispielsweise der Arbeitsschutz und die sogenannten

Gefährdungsbeurteilungen. In vielen anderen Aspekten sind Ihrer Kreativität dagegen keine Grenzen gesetzt. Nutzen Sie diese Freiheit, um sich ein echtes Alleinstellungsmerkmal als Arbeitgeber zu schaffen.

Tue Gutes und sprich darüber
Kommunizieren Sie alle Mitarbeiter-Benefits auch im Außenauftritt. Das unterstützt Ihr aktives Arbeitgebermarketing. Geben Sie dem Thema Zusatzleistungen beispielsweise auf Ihrer Homepage Raum und zeigen Sie die besonderen Mehrwerte auf, die Sie Ihren Beschäftigten bieten. So heben Sie sich vom Markt ab. So demonstrieren Sie, dass nicht nur Ihre Produkte oder Dienstleistungen ein Alleinstellungsmerkmal haben, sondern auch Ihr Unternehmen als Arbeitgeber.

Auch entsprechende Posts in den sozialen Medien oder Presseartikel eignen sich, um Ihre Benefits ins rechte Licht zu rücken. Das macht Sie nicht nur für Bewerber interessant, auch Ihre Kunden erkennen, dass Sie ein moderner und sozialer Arbeitgeber sind.

Bewerben Sie besondere Benefits auch in Ausschreibungen. „Besondere Leistungen" preisen viele Firmen in ihren Stellenanzeigen an, ohne Details preiszugeben. Heben Sie sich positiv ab und werden Sie konkret! In Bewerbungsgesprächen und im Onboarding-Prozess sollten die Benefits ebenfalls thematisiert werden. Dafür eignen sich beispielsweise eine HR-Broschüre, ein Mitarbeiterportal etc.

3.6.2 Labels und Gütesiegel

Es gibt eine ganze Reihe von Labels – Gütesiegel, die (von günstig bis teuer) alle Bedürfnisse im Sinne des Arbeitgebermarketings abdecken und helfen, Strukturen für ein gutes Employer-Branding-System zu schaffen.

Für Deutschland sind hierbei die Labels TOP JOB, Best Place to Work und BFK Gesundes Unternehmen zu nennen. Sie werden im Folgenden kurz vorgestellt.

TOP JOB
TOP JOB misst die Attraktivität mittelständischer Unternehmen als Arbeitgeber. Die Methodik wurde von der Universität St.Gallen konzipiert. Durch das Arbeitgebersiegel „TOP JOB – Top Arbeitgeber" werden die Teilnehmer beim Aufbau einer attraktiveren Arbeitgebermarke, beim Employer Branding und im Recruiting unterstützt.

Hinter dem Projekt steht die zeag GmbH (Zentrum für Arbeitgeberattraktivität), die auch das Projekt ETHICS IN BUSINESS organisiert.

3.6 Arbeitgebermarketing/Employer Branding

Das Unternehmen wirbt meist mit prominenten Ex-Politikern wie Hans Eichel (Bundesminister der Finanzen a. D.), Wolfgang Clement (Bundesminister für Wirtschaft und Arbeit a. D.) oder aktuell mit Sigmar Gabriel (Bundesminister des Auswärtigen a. D.).

TOP JOB bewertet und gibt Feedback zu insgesamt sechs Bereichen:

1. Führung und Vision
2. Motivation und Dynamik
3. Kultur und Kommunikation
4. Mitarbeiterentwicklung und -perspektive
5. Familienorientierung und Demografie
6. internes Unternehmertum

Um das Siegel zu erhalten, müssen Teilnehmer nicht in allen sechs Kategorien Bestnoten erlangen – gute Ergebnisse in einzelnen Bereichen können weniger gute an anderer Stelle ausgleichen.

Mehr Informationen unter: https://www.topjob.de

Great Place to Work®
Great Place to Work® ist ein weltweit tätiges Forschungs- und Beratungsinstitut mit Standorten in 52 Ländern. Es unterstützt Unternehmen bei der Entwicklung einer attraktiven Unternehmens-, Arbeitsplatz- und Vertrauenskultur.

Eine Zusammenarbeit mit Great Place to Work® hilft Teilnehmern nach eigener Aussage
„ein widerstandsfähiges, resilientes Unternehmen zu entwickeln, in dem

- die Kommunikation besser und transparenter ist und so den Mitarbeitenden hilft, sich an neue Situationen schneller anzupassen,
- Führungskräfte ein Vorbild für ehrliche und „ungeschminkte" Kommunikation sind,
- Führungskräfte wie auch Mitarbeitende gewillter sind die nötigen Risiken einzugehen,
- Entscheidungen effektiver sind, da alle Beteiligten bereit sind, ihre Ideen und Einfälle zu teilen und zu diskutieren,
- alle Mitarbeitenden mit sehr viel höherer Wahrscheinlichkeit den Entscheidungen des Managements, ihrer Führungskräfte und ihrer Kolleginnen und Kollegen vertrauen und so internen Widerständen bereits präventiv entgegengewirkt wird und

- Fluktuation, auch in herausfordernden Zeiten, auf einem niedrigen Level vorliegt." (https://www.greatplacetowork.de/entwicklung/agilitaet)

Mehr Informationen unter: https://www.greatplacetowork.de

BFK Gesundes Unternehmen
Die Auszeichnung BFK Gesundes Unternehmen ist speziell für KMU geschaffen worden. Sie ist für kleine und mittlere Unternehmen gedacht, die die Themen Arbeitsschutz, Psychische Gefährdungsbeurteilung und die DGUV Vorschrift 2 nachweislich umsetzen sowie Maßnahmen im betrieblichen Gesundheitsmanagement und zur Gesundheitsförderung ihrer Mitarbeiter anbieten. Ziel ist es, die Unternehmen bei Marketing und Employer Branding zu unterstützen. Die Auszeichnung wird von der businessfitness konzepte UG herausgegeben.

Die teilnehmenden Organisationen demonstrieren durch das Siegel, dass sie nicht nur die gesetzlichen Vorgaben umsetzen, sondern darüber hinaus einen freiwilligen Beitrag zur Förderung der Mitarbeitergesundheit leisten. Auch dieses Siegel kann werbewirksam eingesetzt werden.

Mehr Informationen unter: https://www.b-f-konzepte.de/bgm-guetesiegel-bfk-gesundes-unternehmen/

Fairlohnung®-Zertifikat
Zertifiziert werden Unternehmen, die ein umfangreiches Benefit-Konzept in ihrem Unternehmen eingeführt haben. Die Auszeichnung wird von der Fairlohnung GmbH herausgegeben und belohnt teilnehmende Unternehmen für die Investition in die eigenen Mitarbeiter. Anhand der Auszeichnung heben sich die Firmen als soziale Arbeitgebermarke vom Markt ab und verschaffen sich einen Wettbewerbsvorteil.

Hierbei müssen folgende Voraussetzungen im Unternehmen erfüllt sein:

- Benefit-Tag und Präsentation der besonderen Leistungen
- interne Benefit-Kommunikation in einem Mix aus digitalen und analogen Mitteln
- regelmäßige Sensibilisierung der Beschäftigten und Anregung zur Nutzung der Leistungen
- Einführung innovativer Zusatzleistungen, von denen möglichst alle Mitarbeiter einen direkten Nutzen haben
- Fokus auf Zukunftsthemen wie Digitalisierung und Gesundheit
- aktive Abgrenzung von der Konkurrenz
- Reporting und Controlling der Benefits, um Nachhaltigkeit zu gewährleisten

3.6 Arbeitgebermarketing/Employer Branding

Das Fairlohnung®-Zertifikat wird folglich nicht nur für besondere Leistungen vergeben, sondern vor allem für einen gelungenen Aufbau und eine logische Strukturierung des Benefit-Konzepts. Das Gütesiegel unterscheidet sich von anderen vor allem darin, dass es auf die Vielfalt der Unternehmen eingeht. Die Benefit-Konzepte der teilnehmenden Unternehmen können individuell gestaltet sein, sie müssen keinen klaren Vorgaben folgen. So wird sichergestellt, dass alle Teilnehmer die für sich passende Lösung finden.

▶ Es gibt noch viele weitere dieser Gütesiegel. Die Teilnahmegebühren sind je nach Label und Unternehmensgröße nicht unerheblich.

Jedes Unternehmen muss für sich selbst herausfinden, ob der Mehrwert solcher Marketingpreise Aufwand und Kosten rechtfertigt. In jedem Fall sollten Sie vorab gründlich recherchieren, welches Siegel sich für Ihr Unternehmen am besten eignet.

3.6.3 Employer-Marken in Zeiten der Digitalisierung

Die Arbeitswelt der Zukunft wird schneller, bunter und vielfältiger. Diese Entwicklungen werden unter anderem von Veränderungen am Arbeitsplatz, dem demografischen Wandel und der Digitalisierung vorangetrieben. Auch neue Wertesysteme und Anspruchshaltungen junger Generationen, die auf den Arbeitsmarkt drängen, tragen dazu bei.

Sie betreffen Unternehmen in allen Branchen. Sie verändern aber auch firmeninterne Arbeitsabläufe sowie Unternehmenskulturen. Viele Unternehmen tragen den Veränderungen des Arbeitsmarkts Rechnung und schaffen Funktionen wie beispielsweise den Employer Branding Officer.

Moderne Technologien tragen maßgeblich dazu bei, die Arbeit für Menschen leichter, ungefährlicher und gesundheitsschonender zu machen. Roboter oder technische Assistenzsysteme können beispielsweise gefährliche, schwere, ermüdende oder eintönige Arbeiten verrichten. Dadurch werden Menschen entlastet, die diese Tätigkeiten bislang ausgeübt haben. Auch Menschen mit körperlichen Einschränkungen können dadurch am Arbeitsleben teilhaben.

Doch die Digitalisierung birgt auch Gefahren: Neue Technologien beschleunigen die Arbeitsprozesse; zudem sind wir heute ständig und überall erreichbar. Es drohen Entgrenzung, Arbeitsverdichtung und Überforderung. Im schlimmsten Fall kann das zu psychischen Erkrankungen führen.

Unternehmen sind daher gefordert, die Chancen der Digitalisierung zu nutzen, ohne dass die Arbeit die Beschäftigten krank macht. Die Chancen der Digitalisierung gewinnbringend und gleichzeitig im Sinne einer gesunden Unternehmensführung einzusetzen, ist auch für kleine und mittlere Unternehmen eine wirtschaftliche Notwendigkeit geworden. Dafür benötigen Betriebe nachhaltige Strukturen. Darauf aufbauend kann echtes Arbeitgebermarketing betrieben werden.

Modernes Arbeitgebermarketing
Im Folgenden finden Sie einige Tipps, wie ein modernes Employer Branding Sie als Arbeitgeber von der Masse abheben kann. Nutzen Sie die Beispiele zur Inspiration, achten Sie aber auch darauf, dass Ihre Employer-Branding-Maßnahmen zu Ihrem Unternehmen, zu Ihren Mitarbeitern und zu Ihren Kunden passen.

Benefit-Marketing-Film
Setzen Sie bei der Bewerbersuche vor allem auf Zeitungsannoncen, die nachweislich kaum wirken? Werben Sie mit der Besonderheit eines angenehmen Arbeitsklimas? Sind Sie enttäuscht, wenn Sie keine oder nur schlechte Bewerbungen erhalten? Heben Sie sich von der Masse ab!

Eine Möglichkeit besteht darin, einen Benefit-Marketing-Film zu drehen. Dieser kann beispielsweise die Vorzüge der Sonderleistungen vorstellen, die Sie Ihren Mitarbeitern bieten. Lassen Sie nicht nur die Geschäftsleitung zu Wort kommen, sondern auch Mitarbeiter als authentische Markenbotschafter. Teilen Sie diesen Film über die sozialen Medien. So kann er sich schnell verbreiten. Die Sichtquote ist bei derartigen Videos in aller Regel weitaus höher als bei einer Zeitungsannonce; zugleich präsentieren Sie sich dadurch als moderner und besonderer Arbeitgeber. Doch keine Sorge: Sie müssen keinen Hollywood-Film produzieren. Auch Kurzfilme, die mit geringem Budget produziert werden, kommen gut an.

Besondere Karriere-Seite auf Ihrer Homepage
Je konkreter Sie die Benefits beschreiben, die Sie Ihren Mitarbeitern bieten, umso besser. Nutzen Sie dafür eine eigene Rubrik auf der Karriere-Seite Ihrer Homepage. Die Einbindung von Videos oder die Werbung mit Gütesiegeln lockert optisch auf und lockt Talente an.

Lassen Sie dabei auch Ihre Mitarbeiter zu Wort kommen – nutzen Sie positive Statements der Beschäftigten als Aushängeschild Ihres Unternehmens. Sterne-Ratings, bei denen die Qualität Ihrer Produkte und Dienstleistungen bewertet werden, haben nachweislich eine besondere Anziehungskraft auf potenzielle neue Kunden. Warum nutzen Sie nicht die Bewertung Ihrer Arbeitgebermarke durch Ihre eigenen

3.6 Arbeitgebermarketing/Employer Branding

Mitarbeiter, um Bewerber anzuziehen? Zusätzlich können Sie auch Stimmen von ehemaligen Mitarbeitern einbeziehen, mit denen Sie im Guten auseinandergegangen sind.

Zielgruppenansprache
Sprechen Sie die verschiedenen Mitarbeiter- und Bewerberzielgruppen unterschiedlich an. Das gilt sowohl für die interne als auch für die externe Kommunikation. Gestalten Sie beispielsweise auf Ihrer Karriere-Seite einen Bereich für Azubis, einen für Fachkräfte, einen für Führungskräfte etc.

Fotogalerie
In Ihrem Unternehmen gibt es neben dem Alltag sicherlich Events, Feierlichkeiten, Erfolge, Meilensteine und Ähnliches. Lassen Sie potenzielle Kandidaten an diesen Erlebnissen teilhaben, indem Sie Fotos zur Verfügung stellen. Bilder sagen oft mehr als tausend Worte. Auch in sozialen Medien sind Bilder besonders beliebt. Sie vermitteln Emotionen eindrücklicher als Texte, müssen nicht erst lange durchgelesen werden und können schnell geteilt werden.

Jetzt sind Sie dran

Beantworten Sie die folgenden Fragen. Wenn Sie in Ihrem Unternehmen Defizite erkennen, leiten Sie geeignete Maßnahmen ein, um die entsprechenden Kriterien langfristig und nachhaltig umzusetzen.

Werden die Benefits nach außen klar beworben?

_____

_____

Hat das Unternehmen einen vitalen, interaktiven Internetauftritt, und werden dort die wichtigsten Personalleistungen wie BGM, Benefits etc. kommuniziert?

_____

_____

Nutzt das Unternehmen soziale Medien (z. B. Facebook, Xing, Twitter, Instagram, WhatsApp) für die Kommunikation der wichtigsten Personalleistungen wie BGM, Benefits etc.?

_____

_____

Nachhaltigkeit und Innovation
In puncto Arbeitgebermarketing bieten sich die in Abschn. 3.3.6 genannten Kategorien „Fort- und Weiterbildung", „Financial Wellness", „Gesundheit" und „Work-Life-Balance" an. Daneben lohnt es sich, den Bereich „Nachhaltigkeit und Innovation" zu stärken, aktiv zu bewerben und damit die eigene Arbeitgebermarke zu stärken. Seien Sie ein Vorreiter und unterstützen Sie Ihre Mitarbeiter dabei, die Welt zu verbessern. Dabei können beispielsweise Mitarbeiter zur ehrenamtlichen Tätigkeit angeregt werden oder etwa flexible Benefits eingesetzt werden, die diejenigen belohnen, die ihre Autos gegen öffentliche Transportmittel eintauschen oder Fahrgemeinschaften bilden.

Kommunizieren Sie hierbei wertorientiert und transparent, wofür Sie als Unternehmen stehen. Denkbar sind beispielsweise die folgenden Punkte:

- E-Bike-Leasing
- Subventionierung von Tickets für den öffentlichen Nahverkehr
- Plattformen für Fahrgemeinschaften
- Spenden für wohltätige Zwecke mit aktiver Positionierung
- Firmenläufe, die die Gemeinschaft fördern und mit dem wohltätigen Zweck verbunden werden können

3.6.4 Authentizität als Basis für erfolgreiches Employer Branding

Die Herausforderung für Unternehmen besteht darin, im Rahmen der integrierten Markenkommunikation ein einheitliches Image sowohl an (potenzielle) Mitarbeiter als auch an (potenzielle) Kunden und andere Stakeholder zu kommunizieren. Dies funktioniert aber nur dann authentisch, wenn die Basis stimmt.

Authentizität ist dabei ein nicht zu unterschätzender Faktor, denn die sozialen Medien entlarven heutzutage in kürzester Zeit Markenlügen und strafen die jeweiligen Firmen dauerhaft ab.

Neben unzähligen Blogs und Facebook-Kommentaren hat sich in den letzten zwei Jahren eine weitere Plattform für den DACH-Markt im Internet gebildet, die authentisches Employer Branding zu einem echten Thema für Unternehmen macht: kununu (https://www.kununu.com). In den vergangenen Jahren hat dieses Portal enorm an Bedeutung gewonnen. Auf kununu dürfen Azubis, Bewerber, Mitarbeiter

3.6 Arbeitgebermarketing/Employer Branding

und Gekündigte nach Herzenslust Unternehmen und Organisationen als Arbeitgeber bewerten. Und sie tun das wirklich. Manche Firmen haben dort mehr als 1,5 Millionen Besucher, und in der Google-Suche erscheint kununu beim Eintippen eines Firmennamens meist innerhalb der ersten fünf Vorschläge. Schlechte Einträge werden so für jeden – also auch für Kunden, Mitarbeiter, Partner und Bewerber – wie auf einem Präsentierteller sichtbar. Das sollten Sie stets im Hinterkopf behalten.

Tipps zur Umsetzung

- Erarbeiten Sie im Rahmen Ihrer Gesamtstrategie eine klare Employer-Branding-Strategie. Formulieren Sie dabei sowohl strategische als auch (qualitative und quantitative) operative Ziele.
- Machen Sie das Thema Arbeitgebermarke zu einem integralen Bestandteil Ihres Leitbilds sowie Ihrer übergeordneten Organisationsstruktur.
- Holen Sie die gesamte Belegschaft ins Boot. Verwenden Sie ausreichend Zeit und Ressourcen auf die interne Kommunikation.
- Setzen Sie auf die Unterstützung der Führungskräfte, die als Vorbilder agieren und die Mitarbeiter dazu ermuntern, sich beispielsweise um die eigene Gesundheit zu kümmern – für sich persönlich und zum Wohle des Unternehmens.
- Setzen Sie nicht auf Standardmaßnahmen, sondern bieten Sie Employer-Branding-Programme, die im Benchmark-Vergleich als überdurchschnittlich zu betrachten sind.
- Decken Sie die Aspekte Gesundheit, soziales Engagement und Diversity im Unternehmen ganzheitlich ab. Denkbar sind beispielsweise die folgenden Vereinbarungen und Grundsätze: ganzheitliche Betrachtung von Gesundheit, proaktive und verantwortungsbewusste Mitarbeiterbindung, Verankerung der Führungsgrundsätze in den Unternehmenswerten und in der Unternehmenskultur, Führungspräambel, leistungsgerechte Entlohnung, Benefits, Konzepte für familienfreundliche Arbeitsorganisation, Konzepte, um dem demografischen Wandel zu begegnen, Präsenz in Schulen und Hochschulen und auf Social-Media-Plattformen, soziales Engagement/Sponsoring in der Region, Kooperation oder gemeinsame Veranstaltungen mit Berufsschulen, Hochschulen, Kammern oder Innungen.

Sie stehen im Wettbewerb! „War for Talents" ist angesagt. Legen Sie los!

Jetzt sind Sie dran

Beantworten Sie die folgenden Fragen für Ihr Unternehmen.

Gibt es einen verantwortlichen Mitarbeiter für das Thema Employer Branding?

Gibt es eine Art Steuerkreis Employer Branding?

Sind die Verantwortlichkeiten und Zuständigkeiten für die Planung, Umsetzung und Auswertung von Maßnahmen im Unternehmen klar geregelt?

Welche der vorgestellten Maßnahmen klingen für Sie interessant? Welche möchten Sie umsetzen?

Wen kontaktieren Sie dazu, und wie sehen hier die nächsten Schritte aus?

3.6 Arbeitgebermarketing/Employer Branding

Welche Erwartungen haben Sie an Ihr neues Arbeitgebermarketing?

_____

Worin soll Ihr Alleinstellungsmerkmal als Arbeitgeber bestehen?

_____

Ist das Unternehmen auf Bewertungsportalen (z. B. kununu) aktiv und informiert über die wichtigsten Personalleistungen wie BGM, Benefits etc.?

_____

Eine Arbeitgebermarke braucht Zeit, um aufgebaut zu werden. Beginnen Sie am besten sofort damit. Auch kleine Schritte führen zum Ziel. Überlegen Sie sich, wie Sie die Beschäftigten kurz-, mittel- und langfristig von sich begeistern können!

Innovationsimpulse und -fragen
Manager von IKEA mischen sich regelmäßig unter die Kundschaft oder helfen beim Einladen der Einkäufe, um zu erfahren, was Kunden schätzen und was ihnen missfällt. Wie können wir regelmäßig mit unseren Kunden in Kontakt treten? Wie können wir herausfinden, was die Kunden lieben – und was nicht?

Die Nähe zu Kunden ist ein wichtiger Erfolgsfaktor für Unternehmen. Nur so können wir Produkte und Dienstleistungen entwickeln, die unsere Kunden lieben. Deshalb ist jeder Mitarbeiter, der Kundenkontakt hat, entscheidend für das Verständnis der Kundenwünsche.

Auch der enge Kontakt zur eigenen Belegschaft ist essenziell, um die Bedürfnisse der Mitarbeiter nicht aus den Augen zu verlieren. Suchen und finden Sie Wege, um mit Ihren Kunden und Mitarbeitern in Kontakt zu kommen. Verlassen Sie das Büro!

Auf einen Blick
Notieren Sie hier, was Sie aus diesem Teilkapitel mitnehmen.

Das ist uns besonders wichtig

Unsere nächsten Schritte

3.7 Verwaltungsminimierung

Je größer Unternehmen werden, desto herausfordernder gestaltet sich die Verwaltung. Dabei sollte ein gut strukturiertes Benefit-Konzept möglichst wenig Aufwand bedeuten. Hier gilt: Doppelte Vorbereitungszeit ist halbe Umsetzungszeit. Anders gesagt: Wenn die Strukturen und Prozesse stimmen, ist die Umsetzung vergleichsweise unbürokratisch. Ihr Benefit-Konzept sollte ein sich selbst verwaltendes Ablaufsystem darstellen, in das nur im Ausnahmefall eingegriffen werden muss.

Überlegen Sie sich dazu in einem ersten Schritt, welche Möglichkeiten Sie haben, um Prozesse zu verbinden, ohne die Kontrolle oder die Übersicht zu verlieren.

Vermeiden Sie viel Papierkram. Digitalisieren und automatisieren Sie Ihre Personalmanagement-Aufgaben: von der Personalsuche über die Einstellung bis zu Personalbefragungen und der Verwaltung von Buchungen und Benefits. Ihre Personalabteilung, Ihre Mitarbeiter und auch die Umwelt werden es Ihnen danken.

Verbinden Sie bei den Benefits nach Möglichkeit verschiedene Dienste und Produkte. Achten Sie bei der Auswahl der Anbieter darauf, dass sich automatisierte Bestell- und Abrechnungsvorgänge nahtlos in Ihre Systeme integrieren lassen. Interne und externe Spezialisten sollten nach Möglichkeit Hand in Hand arbeiten. Eine zentrale Rolle spielt hierbei Ihr Mitarbeiterportal, das die verschiedenen Themen transparent aufbereitet. Fangen Sie damit an, bestehende Personalzusatzleistungen zu integrieren.

Durch ein Mitarbeiterportal werden auch Ihr Gehaltsmanagement sowie die Gehaltsumwandlung transparent und nachvollziehbar. Weitere automatisierte Lösungen können dabei helfen, Belohnungssysteme zu visualisieren, die Auszahlung zu triggern und zu analysieren.

Jetzt sind Sie dran
Beantworten Sie die folgenden Fragen für Ihr Unternehmen.
In welchen Bereichen haben Sie dato den größten Verwaltungsaufwand?

Anhand welcher Maßnahmen können Sie über ein Outsourcing oder über digitalisierte Automatisierungsprozesse den Verwaltungsaufwand kostensparend optimieren?

Zielsetzungen Ihrer Verwaltungsminimierung
Ein gutes System verbindet verschiedene Lieferanten und Dienstleister. Achten Sie darauf, dass die Verwaltungslösungen einfach und klar sind. Digitalisieren und automatisieren Sie möglichst viele Prozesse. Bei alldem ist allerdings darauf zu achten, dass die Datenverwaltung revisionssicher und datenschutzkonform ist.

3.7 Verwaltungsminimierung

Ziel der Veraltungsminimierung ist die Entlastung der Entgeltabrechnung sowie der Personalabteilung. Je nach Branche und Unternehmensgröße können Verwaltungsleistungen auch outgesourct werden.

Innovationsimpulse und -fragen
Wie können wir Augmented und Virtual Reality nutzen? Welchen Mehrwert bieten wir damit unseren Kunden?
Technologien wie Augmented Reality (AR) und Virtual Reality (VR) eröffnen radikal neue Möglichkeiten – besonders in der Einarbeitung von neuen Mitarbeitern, bei der Fortbildung und der Qualifizierung von Auszubildenden. Richtig eingesetzt, ermöglicht die neue Technik ein modernes Lernen. Sie steht sinnbildlich für einen modernen Arbeitsplatz. Selbst ungelernte Mitarbeiter können zukünftig Aufgaben von Fachkräften übernehmen. Wie nutzen Sie neue Technologien in Ihrem Unternehmen? Was für einen Arbeitsplatz bieten Sie Ihren Mitarbeitern? Wie können Ihre Mitarbeiter von AR/VR profitieren?

Auf einen Blick
Notieren Sie hier, was Sie aus diesem Teilkapitel mitnehmen.
Das ist uns besonders wichtig

_____
_____
_____
_____
_____
_____
_____
_____

Unsere nächsten Schritte

_____
_____
_____
_____

3.8 Controlling und innovativer Verbesserungsprozess

3.8.1 Controlling und Nachhaltigkeitsanalyse

Das Controlling umfasst häufig sämtliche Prozesse im Unternehmen und überwacht Ein- und Verkäufer jeglicher Art. Im Bereich Benefits kommt das Controlling dagegen häufig zu kurz. Viele Unternehmen wirken in dem noch jungen Benefit-Markt unbeholfen in der Auswertung. Dabei ist es unerlässlich, um die Wirtschaftlichkeit der Personalleistungen für Sie als Arbeitgeber zu gewährleisten.

Stellen Sie sich zielgerichtet die Frage, anhand welcher Faktoren Sie die Wirtschaftlichkeit Ihrer Benefits messen können. Betrachten Sie hier neben den finanziellen Fakten auch weiche Faktoren, also Zahlen, die sich nicht unmittelbar genau definieren lassen. Berücksichtigen Sie beispielsweise folgende Punkte:

- Krankheitstage
- Fluktuation
- Effizienz des Onboardings
- Prozessautomatisierung
- Optimierung der Kommunikation
- Produktivitätssteigerung
- Recruiting-Kosten
- Stärkung der Arbeitgebermarke (für Bewerber und Kunden) im Außenauftritt

Definieren Sie hier Ihren persönlichen Prozess. Ein Nachhaltigkeitsmanagement wirkt sich neben den finanziellen und den genannten weichen Faktoren ebenfalls in der Sensibilisierung aus. Sie können im Zuge einer jährlichen (digitalisierten) Mitarbeiterbefragung nicht nur die Einstellung der Mitarbeiter zu den Benefits abfragen, sondern auch aktiv auf die Leistungen hinweisen. Dadurch verbinden Sie Controlling und emotionales Sensibilisierungsmanagement.

3.8 Controlling und innovativer Verbesserungsprozess

Überprüfen Sie, wie stark die Leistungen abgerufen werden. Testen Sie verschiedene Handlungsoptionen, um die Abrufquoten zu erhöhen, und messen Sie die Erfolge. Könnte es sich lohnen, einzelne Leistungen auszutauschen? Definieren Sie hierbei im Zuge der Benefit-Planung klare Kennzahlen, an denen Sie den Erfolg messen. Berücksichtigen Sie hierbei die oben genannten weichen Faktoren, aber auch Abrufquoten, Teilnahmequoten an weiteren Maßnahmen und Events sowie Ihre jährlichen Kosten. Generieren Sie einen Benefit-Bericht, der dies dokumentiert. Je nach Unternehmensgröße ist dieser Bericht unter Umständen in Quartals- und Jahresbesprechungen einzubinden.

3.8.2 Innovativer Verbesserungsprozess

Vermutlich wenden Sie bereits im Zuge Ihrer Produktentwicklung oder Optimierung Ihrer Dienstleistung einen kontinuierlichen Verbesserungsprozess (KVP) an, um hier ständige Verbesserungen zu erzielen. Nutzen Sie dieses Wissen, um auch Ihr Benefit-Konzept zu einem echten Fairlohnung®-Konzept zu machen. Lassen Sie dazu auch Ihre Belegschaft zu Wort kommen: Können Ihre Mitarbeiter Kritik üben und Verbesserungsvorschläge einbringen? Lernen Sie von der Vorschlägen Ihrer Angestellten und auch aus vergangenen Fehlern. Stellen Sie sich dazu unter anderem die folgenden Fragen:

- Welche Kommunikations- und Sensibilisierungskanäle werden besonders gut angenommen?
- Welche Benefits werden besonders emotional aufgenommen?
- Welche Leistungen sollten verstärkt, angepasst oder ersetzt werden?
- Wie können Sie die Benefits noch besser in den Alltag integrieren?
- Durch welche Maßnahmen können Sie Ihre Arbeitgebermarke stärken?
- Wie verändert sich der Markt, welche neuen Möglichkeiten gibt es und inwiefern können Sie davon profitieren?
- Welche neuen Fördermöglichkeiten können Sie nutzen?
- Erreichen Sie Ihre bestehenden Mitarbeiter sowie Bewerber möglichst optimal?
- Sind Sie aktiv in Foren und im Personalaustausch?
- Informieren Sie sich auch branchenübergreifend über Neuigkeiten im Benefit-Markt? Prüfen Sie, welche Leistungen Sie für Ihr Unternehmen adaptieren können?
- Was motiviert Ihre Mitarbeiter besonders? Wie können Sie diese Motivationsfaktoren noch mehr fördern?

- Welche neuen Ideen wurden ausprobiert, wie waren die entsprechenden Rückmeldungen?
- Womit sollten Sie morgen aufhören?

Machen Sie nicht nur negative Resonanzen messbar, sondern vor allem auch die positiven Eindrücke sowie die Verbesserungsvorschläge. Führen Sie einen KVP für Ihre Benefits ein. Nutzen Sie dazu ein Ideenmanagement und ein Mitarbeiter-Feedbacksystem.

Jetzt sind Sie dran

Beantworten Sie die folgenden Fragen für Ihr Unternehmen.

Inwiefern messen Sie bereits Ihre Benefits?

_____
_____
_____
_____

Wie können Sie dies weiter ausbauen? Welche weichen Faktoren sind ergänzend zu beachten?

_____
_____
_____
_____
_____
_____
_____
_____

Gibt es bereits eine jährliche Mitarbeiterbefragung? Wenn ja: Welche Themen werden dabei abgefragt?

_____
_____

3.8 Controlling und innovativer Verbesserungsprozess

Welche weiteren Themen sollten zukünftig aufgenommen werden? _____

Können die Mitarbeiter Kritik üben (z. B. Gästebuch, Feedbackbogen) bzw. Vorschläge für Maßnahmen einbringen?

Wie sieht Ihr innovativer Verbesserungsprozess aus? Werden die Beschäftigten aktiv dazu angeregt, sich kreativ einzubringen?

Moderne Unternehmens-Reportings
Digitalisierte Echtzeitauswertungen können Informationen darüber liefern, welche Benefits wie oft abgerufen werden. Hierbei können Veränderungen und Entwicklungen im Zeitverlauf sichtbar gemacht werden. Diese modernen Unternehmens-Reportings dienen damit nicht nur der Auswertung, sondern helfen Ihnen dabei, Handlungsempfehlungen abzuleiten und zielgerichtet aktiv werden.

Innovationsimpulse und -fragen
Kleine Kinder stellen bis zu 400 Fragen am Tag. Wie können wir neugieriger werden? Welche Fragen sollten wir uns stellen?

Am Beginn jeder Innovation steht eine Frage. Kinder stellen unglaublich viele Fragen, wir dagegen tun das viel zu selten. Und wenn, dann selten die richtigen. Der Fokus liegt häufig einzig auf dem Tagesgeschäft. Dabei ist „Was können wir als Nächstes tun?" eine der wichtigsten Fragen überhaupt. Denn wenn wir uns diese Frage nicht stellen, stellt sie sich jemand anders – möglicherweise mit fatalen Folgen für unser Unternehmen.

Auch den eigenen Mitarbeitern sollten wir öfter Fragen stellen, zum Beispiel „Was würden Sie besser machen?" Das ist eine Frage, die Vertrauen und Wertschätzung ausdrückt und die Kreativität des Teams fördert. Unternehmen mit vielen Mitarbeitern verfügen über einen riesigen Vorrat an ungenutzten Ideen. Stellen Sie mehr Fragen!

Auf einen Blick
Notieren Sie hier, was Sie aus diesem Teilkapitel mitnehmen.
    Das ist uns besonders wichtig
___
___
___
___
___
___
___
___
___
___

> Unsere nächsten Schritte
> _____
> _____
> _____
> _____
> _____
> _____
> _____
> _____

3.9 Benefit-Management-Prozess und Integration in den Alltag

Die Integration des Benefit-Management-Prozesses in den Arbeitsalltag bedeutet nicht nur, ein lebendiges Benefit-Konzept zu gestalten, das ständig überarbeitet wird. Vielmehr geht es darum, diesen Prozess aktiv im Alltag zu verankern, ihn logisch einzubinden und an den verschiedenen Stellen gewinnbringend einzusetzen, zum Beispiel:

- im Bewerbungsprozess
- im Onboarding-Prozess
- bei der Gestaltung von Zweijahresplanungen und Projekten
- bei der Auswahl besonderer Benefit-Zielgruppen
- beim Ausscheiden von Mitarbeitern

Integration in den Bewerbungsprozess
Im Bewerbungsprozess ist es wichtig, nicht nur attraktiv für den Arbeitnehmermarkt zu sein, sondern Bewerber wirklich zu begeistern. In Abschn. 3.5.4 wurde bereits beschrieben, wie Sie sich durch einen Benefit-Marketing-Film oder durch die besondere Gestaltung Ihrer Karriere-Webseite vom Markt abheben können. Dadurch erregen Sie schon einmal Aufmerksamkeit. Fangen Sie die Toptalente dann durch eine besondere Formulierung der Stellenanzeige ein. Hier gilt: Fassen Sie sich bei Floskeln und Anforderungslisten möglichst kurz!

▶ Der Vorteil der Stelle für Ihre Zielgruppe sollte im Mittelpunkt stehen – nicht Ihre Anforderungen.

Versetzen Sie sich in die Situation des Bewerbers: Was würden Sie in seiner Lage wissen wollen? Womit würde das Unternehmen Sie überzeugen? Passen Sie die Ansprache an die Zielgruppe an. Führen Sie neben den besonderen Leistungen und Benefits, die Sie Ihren Mitarbeitern bieten, auch Faktoren wie Homeoffice-Möglichkeiten oder flexible Arbeitszeiten an.

Auch im Bewerbungsgespräch können Sie sich von anderen Unternehmen abheben. Stellen Sie nicht nur die 08/15-Fragen, wie sie jeder kennt. Gehen Sie hier neue Wege und zeigen Sie die Innovationskraft Ihres Unternehmens. Eine Schulung zu diesen Themen ist in jedem Fall empfehlenswert.

Der Visionär Elon Musk – Gründer von Tesla, PayPal und SpaceX – benennt in seiner Biografie seine Lieblingsfrage in Bewerbungsgesprächen: „Sie stehen auf der Erdoberfläche. Sie gehen eine Meile nach Süden, eine Meile nach Westen und eine Meile nach Norden. Sie kommen wieder genau dort heraus, wo Sie losgegangen sind. Wo befinden Sie sich?" (Vance und Musk 2015, S. 203)

Diese Frage sollen Sie nun nicht kopieren. Doch sie kann Ihnen als Anregung dazu dienen, einmal andere Fragen zu stellen. Fragen Sie beispielsweise auch einmal: „Was war Ihr größter Fehler?" In diesem Zuge können Sie von einem Ihrer größten Fehler erzählen, dadurch die Stimmung auflockern und die Fehlerkultur Ihres Unternehmens präsentieren.

Andere interessante Fragen wäre etwa auch:

„Können Sie eine Situation beschreiben, in der Sie aktiv geworden sind, obwohl das eigentlich die Aufgabe einer anderen Person war? Was waren Ihre Beweggründe?" Hierbei erkennen Sie schnell, ob und inwiefern der Bewerber die Initiative ergreifen kann.

„Wann haben Sie zum letzten Mal etwas zum ersten Mal gemacht?" Dadurch testen Sie einerseits das Antwortgeschick des Kandidaten, andererseits aber auch seine Bereitschaft, neue Wege zu gehen.

Sie können im Bewerbungsprozess einiges tun, um die Kandidaten von sich zu überzeugen und mit Ihrem Benefit-System zu punkten:

- Zeigen Sie Ihre Firmen-Benefit-Karte, auf der beispielsweise ein Link zum Mitarbeiterportal oder eine Ansprechperson genannt wird.
- Stellen Sie den Bewerbern ein Geschenk in Aussicht, das sie erhalten, wenn sie bei Ihnen einsteigen.
- Demonstrieren Sie die Besonderheiten Ihrer Kommunikation auch im Bewerbungsgespräch, zum Beispiel, indem Sie Ihr Mitarbeiterportal vorstellen.

3.9 Benefit-Management-Prozess und Integration in den Alltag

- Geben Sie den Bewerbern eine Übersicht der Leistungen mit, die Sie bieten – gestalten Sie hierfür eine HR-Broschüre oder Ähnliches als Übersicht.

Es gibt noch diverse weitere Möglichkeiten, die Sie individuell gestalten können. Das Wichtigste ist, dass die Bewerber merken, dass Sie Ihre Benefit-Vision auch wirklich leben.

Einbindung in den Onboarding-Prozess
In Bezug auf Ihr Benefit-Konzept geht es im Onboarding-Prozess – also in den ersten Arbeitstagen eines neuen Mitarbeiters – darum, die bestehenden Leistungen und Möglichkeiten einfach und transparent aufzuzeigen. Optimalerweise passiert das in einem automatisierten Projekt oder mithilfe von Gamification-Tools (Abschn. 3.5.4). Der Wohlfühlfaktor in den ersten Tagen eines neuen Arbeitsverhältnisses beeinflusst die langfristige Bindung an das Unternehmen nachhaltig und langfristig. Gewisse Benefits werden in vielen Unternehmen erst nach der Probezeit gewährleistet. Trotzdem sollten sie dem Mitarbeiter bereits in den ersten Tagen in Aussicht gestellt werden.

Durch eine besonders beeindruckende Einweisung sind Ihre neuen Kräfte vom ersten Tag an hoch motiviert und von Beginn an produktiv.

Gestaltung von Zweijahresplanungen und Projekten
Wie in Abschn. 3.3 beschrieben, sollten Sie von Anfang an solche Leistungen wählen, die möglichst gut zum Unternehmen passen. Allerdings verändern sich nicht nur die Umstände in den Unternehmen, sondern auch der Benefit-Markt rasant. Hier gilt es, die Möglichkeiten im Blick zu behalten.

Nehmen Sie dazu beispielsweise eine Zweijahresplanung vor. Darin übernehmen Sie die Verantwortung für die Gestaltung der Kommunikation und des emotionalen Sensibilisierungsmanagements. In dieser Planung ist der komplette Prozess der Benefit-Gestaltung für die nächsten 24 Monate definiert und zusammengefasst – unter anderem mit den folgenden Inhalten:

1. Zusammenstellung des passenden Konzepts
   - Grundlagen: Auswahl der Benefits und der Strategie (Abschn. 3.3)
   - Vorbereitung der Kommunikation mit digitalen und analogen/haptischen Mitteln (z. B. Geschenkboxen, Benefit-Karten, Webseite mit Vorstellung bestehender Benefits und neuen Erklärfilmen; Abschn. 3.4)
2. Kick-off-Veranstaltung und Vorstellung neuer Benefits in feierlichem Rahmen
   - Erstellung eines Presseartikels
   - Erstellung eines Benefit-Videos, Einbindung in die Webseite

- Neugestaltung der Stellenanzeigen
- etc.
3. Sensibilisierung
   - Auswahl der Maßnahmen: Gutscheine, Kommunikation über App mit Push-Nachrichten, Newsletter, Grünes Brett, Gehaltseinleger, Challenges, Gesundheits- und Benefit-Tage
4. wiederkehrender Prozess als KVP
   - erste digitale Mitarbeiterbefragung nach zwölf Monaten für das Controlling und zur Sensibilisierung
   - andere Reporting-Möglichkeiten
   - Vorbereitung der weiteren Sensibilisierung

Ziel der Zweijahresplanung

- strukturierter emotionaler Sensibilisierungsprozess
- feste Einbindung externer Spezialisten, Partner und Ähnliches
- Einbindung von Führungskräften und weiteren ausgewählten Mitarbeitern
- Benennung der Benefit-Influencer
- flexible Anpassung, Ergänzung, Umwandlung, Optimierung sowie Manifestierung

Es gibt diverse weitere Punkte, die Sie in Ihren Personalprozess sowie in die Planung einbinden können. Zwei Beispiele:

- **Mitarbeitergespräche:** Fixieren Sie von Beginn an feste Termine für die Gespräche, laden Sie die Mitarbeiter explizit ein und dokumentieren Sie die Ergebnisse. Automatisieren Sie diesen Prozess und sorgen Sie für Klarheit. So entstehen für die Mitarbeiter eine Verbindlichkeit und eine Perspektive.
- **Bewerbermanagement:** Eine Personalverwaltungssoftware spart nicht nur Zeit und Aufwand in der täglichen Personalarbeit, sie kann auch das Online-Recruiting verbessern: von der Erstellung von Bewerbungsformularen über die Bewerberverwaltung bis hin zur Kommunikation zwischen den verschiedenen Abteilungen. Automatisieren Sie diese Prozesse.

Auswahl besonderer Benefit-Zielgruppen
In Abschn. 3.3 wurde beschrieben, welche Möglichkeiten der Gruppenbildung es für die Benefit-Verteilung gibt. Es kann beispielsweise ratsam sein, langjährige Mitarbeiter, Führungskräfte oder Toptalente durch Extra-Benefits langfristig an das Unternehmen zu binden. Die Gruppenaufteilung sollte dabei keinem starren

3.9 Benefit-Management-Prozess und Integration in den Alltag

Muster folgen (etwa: fünf, zehn und 20 Jahre Betriebszugehörigkeit), sondern individueller gestaltet werden. Die Auswahlkriterien sollten Sie in Ihrer Zweijahresplanung festlegen. Beziehen Sie folgende Fragen in Ihre Überlegungen ein:

- Welche Talente gilt es zu sichern?
- Mit welchen neuen und innovativen Leistungen können Sie einzigartige Mehrwerte schaffen?
- Was motiviert Ihre Führungskräfte?
- Welche Leistungen werden den Toptalenten auf dem Markt geboten, und wie können Sie sie überbieten?

Seien Sie hier agil und innovativ, sodass Sie im „War for Talents" dem Markt immer einen Schritt voraus sind.

Verhalten bei ausscheidenden Mitarbeitern
Wenn ein Mitarbeiter das Unternehmen verlässt, bedeutet dies nicht zwangsläufig, dass Sie im Streit auseinandergehen. Genauso gut können der Wunsch nach persönlicher Veränderung, eine Neuausrichtung etc. Gründe für einen Arbeitgeberwechsel sein. Heutzutage verbringen nur wenige Beschäftigte ihr gesamtes Berufsleben in einem Unternehmen.

Sorgen Sie dafür, dass Ihre Mitarbeiter auch nach dem Verlassen des Unternehmens noch gut über Sie als Arbeitgeber sprechen. So schaffen Sie es, dass der ausscheidende Mitarbeiter nach seinem Nachfolger sucht und diesen gut einlernt. Die Einbindung positiver Stimmen von Mitarbeitern, die das Unternehmen verlassen haben, in die Karriere-Seite Ihrer Webseite machen bei neuen Bewerbern besonderen Eindruck.

> **Jetzt sind Sie dran**
> Beantworten Sie die folgenden Fragen für Ihr Unternehmen.
> In welchen Bereichen haben Sie Ihre Benefits in den Alltag integriert? Berücksichtigen Sie sie bei Ihrer Jahresplanung?

Wie sehen Ihre nächsten Schritte für die Erstellung einer Zweijahres-Benefit-Planung aus?

Inwiefern werden Sie die Benefits noch stärker in den Bewerbungsprozess integrieren?

3.9 Benefit-Management-Prozess und Integration in den Alltag

Durch welche Maßnahmen optimieren Sie den Benefit-Onboarding-Prozess?

Welche weiteren Maßnahmen treffen Sie, um die Benefits im Alltag strukturiert einzubinden und nicht nur spontan zu reagieren?

Innovationsimpulse und -fragen
Porsche bietet Kunden seine Expertise in Form von Porsche Consulting als Beratung an. Viele andere erfolgreiche Unternehmen tun das ebenfalls. Wie können wir unser Know-how und unsere Ressourcen ergänzend als Dienstleistung anbieten?

Sie sitzen auf einem Schatz, der nur darauf wartet, geborgen zu werden. Dieser Schatz besteht aus dem Know-how und der Expertise Ihres Unternehmens und Ihrer Mitarbeiter. Finden Sie kreative Wege, um dieses Potenzial zu nutzen. Für wen könnten die Erfahrungen Ihres Unternehmens wertvoll sein? Welche Branche hat ähnliche Herausforderungen wie Sie zu meistern und wie können Sie dabei helfen? Wer ist bereit, für Ihr Expertenwissen zu zahlen? Können Ihre Mitarbeiter zu Beratern für andere Unternehmen werden?

Auf einen Blick
Notieren Sie hier, was Sie aus diesem Teilkapitel mitnehmen.

Das ist uns besonders wichtig
_____
_____
_____
_____
_____
_____
_____
_____

Unsere nächsten Schritte
_____
_____
_____
_____
_____
_____
_____
_____

3.10 Finanzierung und Subventionierung

Kennen Sie alle staatlichen Förderungen, die Ihnen als Unternehmer in Deutschland geboten werden? Nutzen Sie alle Förderungsmöglichkeiten?

Steueroptimierte Lohnerhöhungsbausteine
Kennen Sie alle Optionen steueroptimierter Gehaltsbausteine? Wie umfangreich die Möglichkeiten sind, zeigt die folgende Liste, die nur einen kleinen Auszug aus allen denkbaren Optionen darstellt:

- 44 Euro Sachbezug
- Fahrtkostenzuschuss
- doppelte Spesen bei Auswärtstätigkeiten
- Heimarbeitsplatzzuschlag
- Internetkostenzuschuss
- Essengutscheine/Restaurant-Schecks
- Telefonnutzung
- Vermietung von Werbeflächen
- Erholungsbeihilfen
- Diensthandy
- Sonderzahlungen
- etc.

Für jeden Mitarbeiter gilt es passende Lösungen zu finden. Weisen Sie die Beschäftigten bei einer Nettolohnoptimierung darauf hin, dass dadurch geringere Sozialversicherungsbeiträge gezahlt werden – die Ansprüche der Beschäftigten vermindern sich entsprechend. Lassen Sie dazu am besten von einem Spezialisten beraten.

Einkaufsvorteile
Es gibt verschiedene Möglichkeiten, den Mitarbeitern Rabattierungen und Einkaufsvorteile zu verschaffen. In diesem Fall profitieren Sie zwar nicht von Subventionen, aber Sie bieten Ihren Mitarbeitern besondere arbeitsplatzbedingte Vergünstigungen, die Sie in der Regel nichts kosten. Wenn Ihr Unternehmen zu klein ist, um derartige Deals mit Händlern auszuhandeln, können Sie beispielsweise einem Konsortium beitreten, um entsprechende Vorteile zu erlangen.

Steuerfreiheit von Arbeitgeberleistungen zur Gesundheitsförderung
Um Sie zu motivieren, mehr für die Gesundheit Ihrer Mitarbeiter zu tun, gibt es für entsprechende Dienstleistungen und Barzuschüsse zur Gesundheitsförderung Ihrer Mitarbeiter steuerliche Unterstützung.

Gefördert werden Dienstleistungen zur Verbesserung des allgemeinen Gesundheitszustands (Primärprävention) – etwa Rauchentwöhnung oder das Erlernen von Entspannungstechniken – sowie zur betrieblichen Gesundheitsförderung. Aber auch Barzuschüsse zu solchen Maßnahmen fördert der Staat steuerlich mit einem Freibetrag bis zu 500 Euro im Jahr je Arbeitnehmer und Leistung.

Welche Maßnahmen begünstigt werden, entscheiden die jeweils zuständigen Finanzämter. Die Leistungen des Arbeitgebers müssen hinsichtlich Qualität, Zweckbindung und Zielsetzung den Anforderungen der §§ 20 und 20b Sozialgesetzbuch V genügen. Sie sind im „Leitfaden Prävention" des GKV-Spitzenverbands beschrieben (https://www.gkv-spitzenverband.de/media/dokumente/presse/publikationen/Leitfaden_Pravention_2018_barrierefrei.pdf).

Umsatzsteuer
Leistungen zur Aufrechterhaltung der Gesundheit ohne konkreten Bezug zur Linderung oder Heilung von Krankheiten sind umsatzsteuerpflichtig. Dient die Gesundheitsmaßnahme ganz überwiegend dem eigenbetrieblichen Interesse des Arbeitgebers, kann die ihm in Rechnung gestellte Umsatzsteuer bei der Vorsteuer abgezogen werden.

Beispiel: Ein Physiotherapeut führt auf Veranlassung des Arbeitgebers bestimmte Kurse durch, um die Rückenmuskulatur der Mitarbeiter an Bildschirmarbeitsplätzen zu stärken. Durch die Maßnahme gehen die Erkrankungen und Arbeitsunfähigkeitszeiten nachweisbar zurück.

Das Interesse des Arbeitgebers ist größer als das (private) Interesse der Arbeitnehmer. Daher kann der Arbeitgeber die Rechnung des Physiotherapeuten, die die Umsatzsteuer beinhaltet, bei seiner Vorsteuerzahlung in Abzug bringen.

Tipp: Die Steuerfreiheit gibt es nur dann, wenn der Arbeitgeber die Leistungen zusätzlich zum ohnehin geschuldeten Arbeitslohn gewährt. Eine Entgeltumwandlung ist nicht steuer- und beitragsfrei.

Geförderte Gesundheitskurse der gesetzlichen Krankenkassen
Gesetzliche Krankenkassen bezuschussen verschiedene Gesundheitskurse, die die Gesundheit der Mitarbeiter fördern, in der Regel mit jährlich zwischen 150 und 250 Euro. Wenn Sie diese Förderungen in Anspruch nehmen wollen, sollten Sie sich jedoch genau informieren, wer berechtigt ist, diese Kurse durchzuführen. Überlegen Sie außerdem, wie Sie Ihre Mitarbeiter dazu motivieren können, beispielsweise an Kursen teilzunehmen, die allen Beschäftigten angeboten werden. Einen modernen und innovativen Lösungsansatz stellen digitale Kurse dar. Sie dienen als Ergänzung oder Alternative zu klassischen Präsenzkursen. Ein besonderes Plus: So können Sie standortübergreifend Fördermittel beantragen. Digitale

3.10 Finanzierung und Subventionierung

Kurse können Sie auch in Verbindung mit Präsenzkursen bieten, um Ihre Mitarbeiter über verschiedene Wege anzusprechen und die Vorzüge beider Möglichkeiten zu nutzen.

Subventionierung von Gesundheitstagen
Die gesetzlichen Krankenkassen subventionieren darüber hinaus Gesundheitstage und bieten neben dem Kapital auch spannende Inhalte. Die Höhe der Fördersumme hängt von der jeweiligen Konstellation und den einzelnen Kassen ab, daher lohnt sich ein Vergleich. Informieren Sie sich, welche Krankenkasse hier welche Möglichkeiten bietet. Vergleichen Sie dabei nicht nur die finanzielle Unterstützung, sondern auch die angebotenen Programmpunkte. Binden Sie weitere Stellen aktiv in die Planung ein, zum Beispiel Ihren betrieblichen Gesundheitsmanager.

Weitere Fördermöglichkeiten
Die „unternehmensWert:Mensch"-Initiative[1] des Bundesministeriums für Arbeit und Soziales (BMAS) führt vier Handlungsfelder für eine moderne Personalpolitik und damit letztendlich für die Basis einer authentischen Employer-Branding-Strategie auf:

Personalführung: Eine moderne Personalführung berücksichtigt die individuellen Bedürfnisse der Beschäftigten, bindet diese aktiv in Entscheidungen ein und fördert sie unter Berücksichtigung der aktuellen Lebenssituation.

Chancengleichheit & Diversity: Unternehmen schöpfen neue Potenziale, wenn sie den Besonderheiten der eigenen Belegschaft gerecht werden und allen Beschäftigten Entwicklungschancen bieten – unabhängig von Alter, Geschlecht, familiärem oder kulturellem Hintergrund.

Gesundheit: Damit die Belegschaft und damit das Unternehmen auch in Zukunft leistungsfähig sind, braucht es geeignete Angebote zur Förderung der physischen und psychischen Gesundheit. Beschäftigte müssen für einen gesunden Arbeitsalltag sensibilisiert werden.

Wissen & Kompetenz: Wissen muss im Betrieb gehalten und innerbetrieblich weitergegeben werden. Der digitale Strukturwandel erfordert zudem neue Kompetenzen und Qualifikationen. Dafür müssen Beschäftigte gezielt weitergebildet und die Lernmotivation der Belegschaft gefördert werden. (https://www.unternehmens-wert-mensch.de/das-programm/unsere-handlungsfelder/)

---

[1] Die Initiative unternehmensWert:Mensch wird gespeist aus dem Expertenwissen der Initiative Neue Qualität der Arbeit und steht im Kontext der Fachkräfteoffensive der Bundesregierung. Auf der Website der Initiative finden Sie weitere Informationen (https://www.unternehmens-wert-mensch.de).

Finanziert wird das Programm aus Mitteln des Europäischen Sozialfonds (ESF) und des Bundesministeriums für Arbeit und Soziales (BMAS). Kleine und mittlere Unternehmen erhalten bei Beratungen zu diesem Thema Förderzuschüsse von 50 bis 80 Prozent.

Jetzt sind Sie dran

Beantworten Sie die folgenden Fragen für Ihr Unternehmen.

Welche Fördermöglichkeiten und Subventionen haben Sie bereits genutzt? Können diese wieder abgerufen werden?

_____
_____
_____
_____
_____
_____
_____
_____
_____
_____
_____
_____
_____

Über welche weiteren Möglichkeiten wollen Sie sich informieren? Welche Spezialisten möchten Sie hierzu kontaktieren?

_____
_____
_____
_____
_____
_____
_____
_____
_____

3.10 Finanzierung und Subventionierung

Welche Möglichkeiten der steueroptimierten Lohnerhöhungen bietet Ihr Steuerberater? Rufen Sie sie ab? Nicht nur im Zuge einer Nettolohnoptimierung bestehender Löhne kann dies interessant sein, sondern vor allem auch im Zuge einer geplanten Lohnerhöhung.

In welchen Netzwerken können Sie regelmäßig neue Infos und Updates über die Fördermöglichkeiten erhalten?

Sie sehen: Die Fördermöglichkeiten sind vielfältig. Lassen Sie sich dazu am besten von einem Fachexperten beraten, der Ihnen individuelle Tipps geben kann.

Innovationsimpulse und -fragen
Womit sollten wir morgen aufhören? Was war gestern angemessen, ist es heute aber nicht mehr?

Was früher funktionierte und gut war, ist nicht zwangsweise heute noch richtig. Häufig sind wir im Status quo gefangen oder ruhen uns auf dem Erfolg vergangener Tage aus. Deshalb sollten wir uns diese Frage regelmäßig stellen. Damit verhindern wir, an Betriebsblindheit zu erkranken. Auch den eigenen Mitarbeitern und Kunden sollten wir diese Frage stellen. Sie erlaubt es, auch unbequeme Wahrheiten auszusprechen und die Ketten des eigenen Denkens und Handelns zu sprengen.

Auf einen Blick
Notieren Sie hier, was Sie aus diesem Teilkapitel mitnehmen.
  Das ist uns besonders wichtig
  _____
  _____
  _____
  _____
  _____
  _____
  _____
  _____
  _____

  Unsere nächsten Schritte
  _____
  _____
  _____
  _____
  _____
  _____
  _____
  _____
  _____

3.11 Zusammenfassung der zehn Erfolgsbausteine für Ihr persönliches Fairlohnung®-Konzept

Die zehn Bausteine sollen Sie dabei unterstützen, die personalpolitischen Chancen zu nutzen und sich vom Markt abzuheben – ein wichtiger und ausschlaggebender Punkt für Ihren langfristigen Unternehmenserfolg.

Sie sollten bei jedem weiteren Schritt auf jeden Fall drei Tipps für den Erfolg Ihres persönlichen Fairlohnung®-Konzepts mitnehmen:

1. agiler Innovationstrieb: Heben Sie sich ab – arbeiten Sie stetig daran, nicht nur der Branchenprimus, sondern den anderen auch immer einen Schritt voraus zu sein.
2. emotionales Sensibilisierungsmanagement: Investieren Sie Zeit in den richtigen Aufbau und die Gestaltung Ihres Benefit-Konzepts. Übernehmen Sie die Verantwortung dafür, dass Ihre Benefits nachhaltig wahrgenommen werden.
3. Erfahrungen anderer sowie Fördertöpfe nutzen: Profitieren Sie von Erfahrungen, die andere bereits gesammelt haben, und lassen Sie keine Förderungen verfallen.

Nun haben Sie zwei Möglichkeiten: Sie können nur einzelne Punkte angehen oder ein umfangreiches Fairlohnung®-Konzept in einem lebendigen Prozess aufbauen. Fahren Sie hierbei die Differenzierungsstrategie. Durch ein systematisches Konzept grenzen Sie sich von Ihren Wettbewerbern ab. Konzentrieren Sie sich auf Ihre Alleinstellungsmerkmale. Gehen Sie Schritt für Schritt vor, priorisieren Sie die Themen, ziehen Sie bei Bedarf Spezialisten aus verschiedenen Bereichen zurate und bleiben Sie am Ball.

Eine besondere Wertschätzung vermitteln, Mitarbeitermotivation und -gesundheit fördern, gesetzliche Förderungen nutzen, Produktivität steigern, Fachkräfte gewinnen, Fluktuationskosten senken, eine effiziente Unternehmenskommunikation etablieren – Sie entscheiden, welche Zielsetzung(en) und Philosophie Sie als Unternehmen verfolgen.

Egal, ob in Einzelmaßnahmen oder in einem Gesamtkonzept – das Wichtigste ist, dass Sie handeln!

Haben Sie hierzu bereits etwas notiert, oder setzen Sie bereits einige Maßnahmen um? Vielleicht haben Sie sich auch noch gar nichts notiert, da Sie das Buch noch einmal in Ruhe durcharbeiten wollen. Oder Sie werden die Themen gar nicht im Detail bearbeiten. Jeder hat hier seine eigene Vorgehensweise.

Die Erfahrungen zeigen jedoch, dass das Schreiben dabei hilft, sich aktiv Gedanken zu machen. Um bestmöglich von der Lektüre dieses Buchs zu profitieren, ist es daher ratsam, klare Ziele und die nächsten Schritte zu definieren und (schriftlich) festzuhalten.

Zusammenfassung der nächsten Maßnahmen

1. _____
2. _____
3. _____
4. _____
5. _____
6. _____
7. _____
8. _____
9. _____
10. _____

Sonstige Bemerkungen

_____
_____
_____
_____
_____
_____
_____

3.11 Zusammenfassung der zehn Erfolgsbausteine für Ihr persönliches ... 125

ID# Die Rolle von Mitarbeiter-Benefits in Zeiten von Wirtschaftskrisen

Zusammenfassung

Möglicherweise drängt sich der Gedanke auf, dass ein Benefit-Konzept in finanziell schwierigen Zeiten eine wirtschaftliche Belastung darstellt. Das Gegenteil ist der Fall: Gerade in Krisensituationen ist es besonders wichtig, Mitarbeiter zu binden, zu motivieren und anzuziehen. Das Fairlohnung®-Konzept ist so aufgebaut, dass Sie es flexibel an die Rahmenbedingungen anpassen können. Wirkungsvolle Benefits müssen zudem nicht teuer sein – mit einer klugen und klaren Struktur können Sie auch in finanzschwachen Zeiten als attraktiver Arbeitgeber auftreten.

Welche Rolle spielt Ihr persönliches Benefit-Konzept in wirtschaftlich schlechten Zeiten? Immer wieder stellen sich Unternehmen die Frage, welche Investitionen sie tätigen sollen und welche Risiken Sie dabei eingehen. In Zeiten, in denen Rekordumsätze erzielt werden, fällt es leicht, in die Mitarbeiter zu investieren. Wie passiert jedoch, wenn diese Umsätze geringer werden?

Nur bei einem der zehn Erfolgsbausteine für Ihr persönliches Fairlohnung®-Konzept wird die Art der Leistungen (Abschn. 3.3) explizit thematisiert. Daran erkennen Sie, dass es in diesem Buch vor allem um die interne und externe Vermarktung sowie um die konzeptionelle Gestaltung der Benefits geht, weniger um Vorschläge, welche Benefits Sie anbieten sollen. Die Leistungen sollten jederzeit an die aktuellen Bedürfnisse der Belegschaft und die Situation der Firma angepasst werden können. So sorgen Sie mit Ihren Benefits für eine besondere – emotionale – Mitarbeiterbindung. Sie fördern zugleich Ihre Arbeitgeberattraktivität und die Motivation der Beschäftigten.

Loyale, zufriedene und motivierte Mitarbeiter sind genau das, was Sie brauchen, falls es Ihrer Firma einmal finanziell schlechter gehen sollte. Vielleicht kommen einmal Jahre, in denen eine Lohnerhöhung nicht oder nur schwer möglich ist. Dann ist es umso wichtiger, den Mitarbeitern zu signalisieren, wie sehr sie wertgeschätzt werden. Ihr Fairlohnung®-Konzept kann Ihnen dabei helfen, auch in finanziell schwierigen Zeiten als Arbeitgeber für die Mitarbeiter attraktiv zu bleiben.

Investieren Sie also rechtzeitig Zeit und Geld in ein faires Benefit-Konzept. Werden Sie rechtzeitig aktiv, um stetig wachsen zu können, und investieren Sie somit in Ihre Mitarbeiter als wichtigstes Kapital.

Das Controlling, die Nachhaltigkeitsanalyse und die flexible Gestaltung helfen Ihnen dabei, Ihr Konzept jederzeit den wirtschaftlichen Rahmenbedingungen anzupassen. In jedem Bereich, in dem Sie aktiv sind, sollten Sie strukturiert vorgehen. Wie und zu welchem Zweck Sie die Benefits einsetzen, bleibt Ihnen überlassen. Denkbar ist beispielsweise Folgendes:

- Sie setzen auf Benefits, um besondere Wertschätzung auszudrücken.
- Sie motivieren die Mitarbeiter zu herausragenden Leistungen, indem Sie Benefits erfolgsabhängig vom persönlichen, Team- oder Unternehmensumsatz verteilen.
- Sie nutzen Benefits zur Mitarbeiterbindung, die emotionaler wirken als eine Lohnerhöhung. Diese müssen nicht zwangsläufig teuer sein.
- Sie bieten Steueroptimierungen an, damit die Beschäftigten vom gleichen Brutto mehr Netto erhalten.
- Sie nutzen gesetzlich geförderte und staatlich subventionierte Leistungen. So können Sie das gewisse Etwas bieten, ohne selbst allzu tief in die Tasche greifen zu müssen.
- Um die Kosten gering zu halten, setzen Sie auf Benefits, die von Partnern und dem Netzwerk gesponsort und finanziell mitgetragen werden.

Sie sehen, dass Ihr persönliches Benefit-Konzept in Zeiten von Wirtschaftskrisen vermutlich mindestens genauso wichtig ist wie in den erfolgreichen Zeiten. Das Ziel sollte sein, dass Ihr Fairlohnung®-Konzept einen wichtigen Beitrag dazu leistet, dass Sie erst gar nicht in finanzielle Schwierigkeiten kommen. Falls es dennoch zu monetären Einbußen kommt, können Sie mit kleineren Anpassungen reagieren, ohne das gesamte Benefit-Konzept aufzugeben.

Nun gilt es, aktiv zu werden und zu bleiben! Ihre Mitarbeiter werden es Ihnen danken.

Benefit-Management-System der Zukunft 5

Zusammenfassung

Wie in Kap. 1 bereits beschrieben, wird die Digitalisierung den Menschen nie komplett durch Roboter und künstliche Intelligenz ersetzen. Für Unternehmen ist es daher vielleicht wichtiger denn je, sich um die eigenen Mitarbeiter zu kümmern, um personalpolitische Chancen (Abschn. 2.3) zu nutzen. In diesem Kapitel wagen Sie einen Blick in die Zukunft: Welche Rolle werden die Mitarbeiter als Menschen spielen, und wie werden zukünftige Benefit-Konzepte aussehen?

Wie in Kap. 1 bereits beschrieben, wird die Digitalisierung den Menschen nie komplett durch Roboter und künstliche Intelligenz ersetzen. Für Unternehmen ist es daher vielleicht wichtiger denn je, sich um die eigenen Mitarbeiter zu kümmern, um personalpolitische Chancen (Abschn. 2.3) zu nutzen. In diesem Kapitel wagen Sie einen Blick in die Zukunft: Welche Rolle werden die Mitarbeiter als Menschen spielen, und wie werden zukünftige Benefit-Konzepte aussehen?

Digitalisierung – Big Data, künstliche Intelligenz (KI) und Weiteres
Auch wenn Big Data und KI heutzutage in Benefit-Konzepten mittelständischer Unternehmen fast keine Rolle spielen, werden sie zukünftig sicherlich an Bedeutung gewinnen. Aktuell werden das Ansammeln und Auswerten von Daten häufig mit Negativem (z. B. Überwachung) assoziiert. Doch hier liegen auch Chancen:

Die Auswertung von Daten kann Ihnen beim Aufbau eines maßgeschneiderten Benefit-Systems helfen. In Firmen mit mehreren Standorten, in denen der persönliche Bezug zur Belegschaft nicht immer gegeben ist, kann Big Data bei der Individualisierung der Angebote helfen und das Controlling erleichtern. Künstliche Intelligenz kann dies unterstützen und Ihnen Arbeit abnehmen. Algorithmen können schnell und einfach Prozesse koordinieren. Alles, was hierbei geschieht, basiert auf automatisierten Mechanismen und Anweisungen. Ein Algorithmus kann somit auch einen Problemlösungsprozess automatisieren und aus Erfahrungen lernen. Die Entwicklung in diesem Bereich ist rasant und nicht aufzuhalten; sie wird positive und negative Auswirkungen haben. Es ist daher dringend zu empfehlen, sich mit diesen Themen auseinanderzusetzen.

Schon jetzt gibt es Unternehmen, die ihre Beschäftigten mithilfe von Gamification-Plattformen schulen. Auf spielerische Weise lassen sich so neue Themen erarbeiten. Hierbei werden Inhalte in Challenges verpackt, die nicht viel Zeit in Anspruch nehmen und deren Lösung Spaß macht. Das lässt sich – wie in Abschn. 3.5.4 – dargestellt, auch bei der Vermittlung des Benefit-Konzepts einsetzen. Soll mithilfe von Gamification-Tools die Leistung der Mitarbeiter verbessert werden, kann das Unternehmen die Ergebnisse einfach auswerten und mit einer erfolgsabhängigen Bonifizierung und Sensibilisierung verbinden.

Neue Fortbewegungsmittel werden sich früher oder später auf die Arbeitswege auswirken und Arbeitsräume verändern. Auch das autonome Fahren wird zweifelsohne Auswirkungen auf die Fortbewegung am oder zum Arbeitsplatz haben. Stellen Sie sich vor, Ihre Mitarbeiter müssen sich auf dem Weg zur Arbeit oder zu Kundenterminen nicht mehr über den Verkehr aufregen, sondern können sich entspannt fahren lassen oder durch eine Flugtaxi-Fahrt viel Zeit sparen. Früher oder später wird dies Realität werden. Seien Sie einer der ersten Arbeitgeber, der seinen Mitarbeitern ergänzend zum E-Bike die Nutzung von Flugtaxis oder einen autonom fahrenden Geschäftswagen ermöglicht. Im Rahmen Ihres Fairlohnung®-Konzepts wird dies möglich sein.

Die Sprachsteuerungsprogramme Siri und Alexa sind für viele Menschen bereits heute beliebte Gesprächspartner. In Zukunft werden derartige Programme eine immer größere Rolle spielen. Selbst, wenn Sie als Unternehmer hiervon nicht viel halten – Ihre Mitarbeiter werden sie nutzen. Bleiben Sie deshalb offen für die Einbindung von KI in Ihr Benefit-Konzept.

Faktor Gesundheit
Die Alterung der Gesellschaft, grassierender Bewegungsmangel und eine Zunahme an psychischen Erkrankungen sorgen für immer mehr Krankheitstage und Produktivitätsverlust unter Arbeitnehmern. Hier gilt es, als Arbeitgeber Verantwortung zu übernehmen. Die betriebliche Gesundheitsvorsorge, die Einbindung von Bewegungsanreizen in die Work-Life-Balance sowie digitale Tools zur Gesundheitsunterstützung werden früher oder später zum unternehmerischen Standard gehören. Befassen Sie sich nicht mit diesen Themen, wird es schwer sein, auf dem Markt konkurrenzfähig zu bleiben. Bieten Sie deshalb unbedingt gesundheitsförderliche Benefits an.

Hierbei geht es um Prävention, aber auch darum, dass die Beschäftigten die entsprechenden Leistungen sofort emotional aufnehmen und wertschätzen. So investieren Sie einerseits in das langfristige Wohl und die Gesundheit Ihrer Mitarbeiter, andererseits spüren Sie einen sofortigen Nutzen.

Hierbei gilt es nicht, einfach nur einzelne Maßnahmen in der Firma zu installieren. Erarbeiten Sie ein nachhaltiges Konzept, das möglichst alle Mitarbeiter erreicht. Einen positiven Effekt haben so gut wie alle Gesundheitsleistungen: Die gemeinsame Bewegung sowie die finanzielle Unterstützung von Gesundheitsangeboten und das persönliche Wohlbefinden wirken deutlich emotionaler, intensiver und nachhaltiger auf die Mitarbeiter als viele andere Leistungen.

Nun liegt es an Ihnen: Seien Sie agil, innovativ und ein Vorreiter!

Literaturverzeichnis

Literatur

Vance, A., & Musk, E. (2015). *Tesla, PayPal, SpaceX. Wie Elon Musk die Welt verändert. Die Biografie*. München: FinanzBuch.
Wikipedia. (2019). *Feelgood manager*. https://de.wikipedia.org/wiki/Feelgood_Manager. Zugegriffen am 07.06.2019.

Weiterführende Literatur

AOK. (2019). *Steuerfreiheit von Arbeitgeberleistungen zur Gesundheitsförderung*. https://www.aok-business.de/gesundheit/was-ist-bgf/betriebliche-gesundheitsfoerderung/steuerfreiheit-von-arbeitgeberleistungen-zur-gesundheitsfoerderung. Zugegriffen am 07.06.2019.
Badura, B. (2017). *Arbeit und Gesundheit im 21. Jahrhundert. Mitarbeiterbindung durch Kulturentwicklung*. Berlin/Heidelberg/New York: Springer.
Bieber, P. (2018). *Recruiting: 111 Tipps für die Praxis: Schritt für Schritt Mitarbeiter finden statt suchen*. Norderstedt: BoD – Books on Demand.
Buckmann, J., Trost, A., & Aebischer, T. (2017). *Einstellungssache: Personalgewinnung mit Frechmut und Können. Frische Ideen für Personalmarketing und Employer Branding* (2. Aufl.). Berlin/Heidelberg/New York: Springer.
Fürsattel, A. C. (2016). *Mitarbeiter im Fokus. Wie Sie mit ganzheitlichem Mitarbeiter-Marketing die besten Talente für Ihr Unternehmen finden, entwickeln und binden*. New York: Wiley.
Hesse, G., & Mattmüller, R. (2015). *Perspektivwechsel im Employer Branding. Neue Ansätze für die Generationen Y und Z*. Berlin/Heidelberg/New York: Springer.

© Springer Fachmedien Wiesbaden GmbH, ein Teil von Springer Nature 2020
F. Anrich, S. Kugler, *Das Fairlohnung-Konzept*,
https://doi.org/10.1007/978-3-658-27922-6

Immerschitt, W., & Stumpf, M. (2014). *Employer Branding für KMU. Der Mittelstand als attraktiver Arbeitgeber*. Berlin/Heidelberg/New York: Springer.
Kanning, U. P. (2016). *Personalmarketing, Employer Branding und Mitarbeiterbindung. Forschungsbefunde und Praxistipps aus der Personalpsychologie*. Berlin/Heidelberg/New York: Springer.
Kieser, H.-P. (2016). *Variable Vergütung im Vertrieb. 10 Bausteine für eine motivierende Entlohnung im Außen- und Innendienst* (2. Aufl.). Berlin/Heidelberg/New York: Springer.
Kugler, S., Rankl, D., Horch, D., & Scholz, I. (2015). *Gesunde Unternehmen. Mit Betrieblichem Gesundheitsmanagement zu mehr Erfolg*. Hamburg: Kreutzfeldt digital.
von Walter, B., & Kremmel, D. (2016). *Employer Brand Management. Arbeitgebermarken aufbauen und steuern*. Berlin/Heidelberg/New York: Springer.
Wolf, G. (2017). *Mitarbeiterbindung. Strategie und Umsetzung im Unternehmen* (3. Aufl. Aufl.). Freiburg/München/Stuttgart: Haufe Gruppe.
YoungCapital Recruitment Guide. (2019–2020). https://www.youngcapital.de/unternehmen/recruitment-guide. Zugegriffen am 07.06.2019.